JN273813

新版 近現代教育史

斉藤利彦・佐藤 学 |編著|

学文社

| 執筆者 |

*斉藤 利彦	学習院大学	[まえがき,第4章2-5]
前之園幸一郎	元青山学院女子短期大学	[第1章]
勝野 正章	東京大学	[第2章1,第3章2]
池田 賢市	中央大学	[第2章2,第3章3]
島埜内 恵	白鷗大学	[第3章3]
吉本 篤子	愛知大学	[第2章3,第3章4]
宮本 健市郎	関西学院大学	[第2章4,第3章1]
澤野 由紀子	聖心女子大学	[第2章5,第3章5]
今井 航	福山大学	[第2章6,第3章6]
堀田 奈々絵	啓明大学	[第4章1]
佐藤 広美	東京家政学院大学	[第5章]
*佐藤 学	東京大学名誉教授	[第6章]

(執筆順,＊印は編著者)

まえがき

　歴史は現代とつながっている。そして現代は歴史とつながっている。現代の教育のさまざまなあり様は，歴史的な教育の状況に大きく規定されていることはいうまでもない。身近な例を一つあげてみよう。つい先月（2015年7月），ある県の知事が高等学校の女子生徒に「サイン，コサイン，タンジェントを教えて何になるのか」と主張して物議をかもした。すぐに批判を受け，その発言は撤回された。しかし，こうした発言が出てくるのは，実は日本の教育の歴史と深く関係していることを知っておくことも必要だろう。すなわち，戦前の中等教育の制度は男女別学であり，男子は中学校（旧制），女子は高等女学校へと，完全に区別された学校へと進学することになっていた。そこでの数学の時間数は，どのようになっていただろうか。1901（明治34）年の「中学校令施行規則」と，同年代の1899（明治32）年「高等女学校学科及其程度ニ関スル規則」で，第3・4学年の数学の授業時間数を比べると，中学校では週5時間，高等女学校では週2時間と2倍以上の差があった。さらには高等女学校では，中学校では設けられていない家事と裁縫科が合計週6時間もあったのである。つまり，女性には数学はさほど必要ではなく，それよりも家事に関する教科が重視されるべきであるということが，戦前においては当然の考え方であった。ここ数年，「リケジョ」や「ドボジョ」という言葉で，いわゆる理系の女性の活躍が伝えられているが，それは"女性は理系に向かない"という戦前のような考え方への批判としてもあらわれているといってよいだろう。

　このように，教育史への理解を通して，現代の教育がより深くみえてくるというのは，実にさまざまな面でいえることなのである。

　もう一例をあげれば，最近「アクティブ・ラーニング」という言葉がよく聞

かれる。2012年の中央教育審議会の答申で提起された概念であり，従来のような知識の伝達・注入を中心とした受動的な学習を否定し，主体的に考える力を育てる「能動的学習」を定着させようとする言葉である。しかし，こうした学習の重要性は，教育史をひも解けばただちに理解されるのだが，実は歴史上何度も繰り返されてきたものである。教育内容・方法史の研究者である柴田義松は，次のように述べている。

「わが国でも，表現こそ多少の違いはあれ，明治以来何度もくり返し主張されてきている―他律的教育から自律的学習へ，受動的学習から能動的学習へ，記憶力重視から思考力・創造力重視の教育へ，知識詰め込みの教育から自ら学び自ら考える教育へ，など。

そんなにも言われつづけながら，どうしていまだに実現しないのだろう。

そのことを詳しく究明することこそが重要であり，今もっとも必要とされることではないかと，私などは思う。」

まさに，そのとおりである。教育史を学ぶことは，その大きな手がかりを得ることでもあるのだ。教育史への関心とその基本的知識を，教職をめざして教育学を学ぶ学生諸君にもってもらいたいと切に思うのは，以上のような理由からである。

こうした点をふまえて，本書では，学校教育がどの国でも組織されるようになった近代以降の教育史をとりあげる。学校という建物が公費（税金）で創設され，そこに大勢の生徒が通い教師が授業を行うという形態は，各国の歴史をみてもまさに近代という歴史的段階が生み出したものである。本書で取り上げている国は，日本とイギリス，フランス，ドイツ，アメリカ，ロシア，中国である。また，近代公教育を成立させた歴史的起源をたどるために，主に近代以前のヨーロッパにおける教育の形態も取り上げている。

それぞれの章では，各国における近代公教育制度の成立と，それを生み出した近代教育思想について考察している。とくに20世紀に入り，各国で取り組まれたさまざまな教育改革の展開についても詳しく明らかにしている。また，巻末に［資料編］として，「各国の学校系統図」「外国教育史年表」「日本教育

史年表」を掲載してある。21世紀の新たな教育の姿を真剣に考えようとする読者に，何らかの示唆を与えることができればと願う。

　2015年9月

執筆者を代表して　　斉藤　利彦

目　　次

第1章　近代以前の教育　　1
1. 古代ギリシア・ローマの教育　1
2. ルネサンス・宗教改革と教育　3
3. コメニウスの教育思想　6

第2章　公教育制度の成立と近代教育思想の展開　　9
1. イギリス公教育制度の成立と教育思想　9
2. フランスの近代公教育制度の萌芽　16
3. ドイツ公教育制度の成立と教育思想　26
4. アメリカ公教育制度の成立と教育思想　34
5. ロシア公教育制度の成立と教育思想　44
6. 中国の公教育制度の成立と教育思想　49

第3章　各国における教育改革運動の展開　　59
1. アメリカ合衆国　59
2. イギリス　71
3. フランス　80
4. ドイツ　92
5. ロシア　100
6. 中　国　112

第4章　近代日本教育制度の成立　　119
1. 江戸時代　119
2. 近代学校制度の創設　122
3. 「学校令」の制定　127
4. 教育勅語体制の成立　129
5. 学校制度の拡充と教育内容　131

第5章　大正・昭和初期における教育改革　135

1. 「大正デモクラシー」と新教育運動　135
2. 教育運動の新展開と戦時教育体制　143

第6章　戦後日本の教育史―復興からグローバリゼーションへ　151

1. 戦後民主主義教育　151
2. 戦後新教育の展開　153
3. 新教育批判と逆コース　154
4. 高度成長と教育の官僚主義化　157
5. 臨時教育審議会以後の教育改革―新自由主義政策の展開―　161
6. グローバリゼーションのなかの教育　164

資　料　167

各国の学校系統図　168
外国教育史年表　172
日本教育史年表　173

索　引　179

第1章 近代以前の教育

1 古代ギリシア・ローマの教育

1 ポリスとギリシアの教育

　前8世紀半ば頃からポリスと呼ばれる都市国家が現れ，それらは多様で独自の発展をとげてギリシア文化の基礎を築くことになる。ポリスにおいては，市民は共同体の一員として公的生活に参加しなければならず，また市民は全人間的な能力の調和的に発展した人間であることが求められた。ギリシア人は，全面発達した自由人の育成を「パイデイア」と呼んだ。前8世紀頃のものとされるホメロスの『イリアス』『オデュッセイア』とヘシオドスの『仕事と日々』は，アルカイック期ギリシア社会を背景とする作品であり，そこにはギリシア人の人間理想と教育的営みが語られている。

　典型的ポリスとして，アテネとスパルタがある。軍国的共同体のスパルタでは，市民はポリスへの全面的な献身と服従を要求された。民主的なアテネにおいては，個々の市民の人間形成が重視され，「美にして善なるもの」（カロカガティア）が教育目標とされた。

2 ソフィストの出現とソクラテスの人間教育

　アテネは，前5世紀の「ペリクレスの時代」に文化の最盛期を迎える。その社会的，文化的高まりを背景にソフィストが現れる。彼らは，真理を「習慣」（ノモス）と「自然」（フュシス）に分けて認識する主観的で相対主義的立場にたち，知識は教えられるとした。これに対してソクラテス（Sokrates 前469-395）は，真理の普遍性とともに人間形成における「知恵」（ソフィア）の重要性を強

調した。彼は,「対話術」(ディアレクティケー)によって若者たちに働きかけた。その教育方法は,相手を論理的「矛盾」(アポリア)に陥れることにより自己の「無知」の自覚に相手を導き,若者自身の魂のなかから真理を生み出させ,徳に向かわせることを目標とした。ソクラテスは,これを魂の「産婆術」と呼んだ。

プラトン (Platon 前427-347) は,民衆の無知によって殺された師ソクラテスの思想を,イデアの貫徹する理想的『国家』において発展させた。彼は,哲人王による理想国家を説き,人間のもつ個性的な素質がその天分に応じて形成,発揮されなければならないとした。究極の真理である善のイデアの認識へのプロセスが「洞窟の比喩」によって述べられている。

アリストテレス (Aristoteles 前384-322) は,プラトンの思弁的抽象的なイデア論に対して真実は諸事実のなかにのみ存在するとの客観的経験重視の立場をとり,学問の体系化を企てた。『ニコマコス倫理学』や『政治学』において,人間の幸福と国家組織の関連が論じられ,人間は国家によって完成される動物であるとの人間形成論が展開されている。

3　ローマの教育

ローマ建国は伝承によると紀元前753年である。共和政初期のローマ人たちは,父親を中心とする家庭生活を基本にして農業と牧畜に従事していた。父親の権威は「父権」(patria potestas) と呼ばれ,子どもはこの強力な「父権」のもとで,父親を模範として家庭教育によって実践的なローマ人に育成された。

この伝統は「祖先の慣習」(mos maiorum) として尊重され,前449年にローマ市民の権利と義務を定める十二表法にまとめられた。

ローマは,前2世紀以降,被征服民族のギリシア人から大きな文化的影響をうけることになる。上層市民は,リテラートゥス (literatus),ペダゴーグス (paedagogus) と呼ばれるギリシア人の奴隷や解放奴隷を子どもの教育に当たらせた。また,一般の市民のためには,私的な教師 (literator) が教える読み書き算の初等教育機関 (ludus) が生まれた。さらにこのルードゥスの上に文法教師

（grammaticus）が教える文法学校も現れた。

　キケロ（前106-43）は，ギリシア文化の摂取を通してローマ的思想の確立をめざし，法廷・政治弁論，修辞学，哲学についての多くの著作を残した。ワルロ（前116-27）は，その『訓練論』（Disciplinae）のなかで教養の基礎について論じ，基礎三学芸の「トリウィウム」（trivium）および高等四学芸「クァドリウィウム」（quadrivium）から構成される「七自由科」のカリキュラムを提示した。前者は「文法」「論理学」「修辞学」，後者は「算術」「幾何」「音楽」「天文学」である。

　アウグストゥスによる帝政の確立（前31年）によってローマは文化的黄金期を迎え，「ローマの平和」（pax romana）が訪れる。皇帝が行政官を通じてその命令を遠隔の地方まで伝達するための必要性から官吏養成機関化されていた「修辞学校」は，やがてその性格を変え，ローマ文化を帝国内に伝播するための教養的な高等教育機関として位置づけられるようになる。その初代の勅任教授に選ばれたのがクインティリアーヌス（35?-95?）である。クインティリアーヌスは，『弁論家の教育』（Institutio oratoria）を著し，完全なる弁論家は同時に善き人間でなければならないとして，幼児期から弁論術の最高段階までの教育課程を前提とする人間形成論を展開した。

2　ルネサンス・宗教改革と教育

1　都市の発達とルネサンス

　イタリアにおいて12世紀末から現れる都市国家（comune）の発展は，中世社会には見られなかった新しい社会的現実をつくりだした。市民たちは都市の運営に自ら参加する経験を通して，現実が人間の力によって変革可能であることを自覚しはじめる。その意識の転換は，人間の諸能力への注目，さらには人間がもつ尊厳さの自覚を生み出した。14世紀から16世紀にかけて明確になるこの新しい文化的・思想的潮流がルネサンスである。ルネサンスは「人間」を中心とする観点から自然・社会・人間の本質へ目を向けたが，とくに人間そのも

ののの本質を追求する動きのなかからヒューマニズムが生まれる。

　アルベルティ（1404-72）は，人間の社会の現実は「運命の女神」（Fortuna）の気まぐれと人間の諸能力（Virtù）とがせめぎあう戦場だと考えた。その運命に立ち向かう人間の力（ヴィルツゥ）は，古代人たちの古典のなかにある人間性に学び，発展させることができるとした。アルベルティは，多面的能力を全面発達させた「普遍的人間」（l'uomo universale）を自ら具現した人物であった。ピコ・デッラ・ミランドーラ（1463-94）は，人間は行動と意志を自ら決定する自由意志の主体であると宣言した。その著『人間の尊厳について』では，神は人間に自己の意志と選択に基づいてすべてを決定するようにと，固定した容貌も特定の使命も与えなかったと述べている。

2　古典研究と人間形成

　ヒューマニズムは，古典研究を通しての新しい人間の形成をめざした。権威的な訓詁注釈ではなく，古典との直接的な対話をおこなうことが追求された。そして本来の人間性をとりもどすための「古典的人間教養研究」（Studia humanitatis）が生まれる。キケロの『弁論家について』，クインティリアーヌスの『弁論家の教育』，プルタルコスの『子どもの教育について』などが古典の代表として学ばれた。ヴェルジェリオ（1370-1444）は『子どものすぐれた習慣と自由学芸について』において人間形成を教育的観点から体系的に論じた。それは，ヒューマニズムの教育宣言の書と呼ばれている。マッフェオ・ヴェジオ（1407-58）は，キリスト教的ヒューマニズムの立場から教育論を展開した。ヴィットリーノ・ダ・フェルトレ（1373-1446），グアリーノ・ヴェロネーゼ（1374-1460）は，これらのヒューマニズム教育論をもとに教育実践者として活躍した。前者はマントヴァの宮廷における学校「楽しい家」（カーサ・ジョコーサ）の設立者として，後者は学者にしてヴェローナの都市学校の教師として個性的なヒューマニズム教育を展開し，大きな影響を与えた。

　アルプスの北においては，エラスムス（1469-1536），ラブレー（1496-1553），モンテーニュ（1532-92）などが，ヒューマニストとして伝統批判的活動を展開

した。社会の偽善や形式主義を批判し，諷刺するエラスムスの『痴愚神礼賛』，教育の形式主義・記憶主義を批判するラブレーの『ガルガンチュアとパンタグリュエル』，教育のペダンチズムと古典語崇拝を批判するモンテーニュの『エセー』などは，ヒューマニストの精神で貫かれている。

3 ルターとプロテスタンティズム

　ヒューマニズムの運動のうねりが頂点を迎えつつあったとき，ドイツ語圏においては形式化，世俗化されたローマ・カトリックに対する批判が展開されていた。それは，形式的な典礼や儀式の重視，免罪符をめぐる教会の世俗化に対して，信仰は原始キリスト教の理念に立ち返るべきだとする革新的精神によるものであった。

　1517年10月，ウィッテンベルク大学教授であるルター（M. Luther 1483-1546）は，免罪符を批判する「95カ条の論題」を貼り出し宗教改革ののろしをあげた。これに呼応してスイスのチューリッヒでは1519年頃からツヴィングリ（1484-1531）が宗教改革運動を指導し，市参事会もローマ教会からの分離を宣言した。バーゼルやベルンなどの都市もそれに続いた。

　ルターは，宗教改革の革新的精神と改革の根本原理を明確に示した。彼によると，まず第1に，信仰は道徳的善行やサクラメントの儀式によってではなくただ内面的な信仰によってのみ，神によって義（ただしい人間である）と認められる（「義人論」）。

　第2に，神の恩寵と神の真理は聖書のなかに啓示されているので，絶対的に尊重されねばならないのは聖書である（「聖書主義」）。

　第3に，信仰における宗教的身分制は不必要であり，人間は神の前では平等である（「万人司祭主義」）。この基本原理によってプロテスタンティズムの運動は大きく発展させられる。

4 宗教改革と教育

　プロテスタンティズムの聖書主義は，民衆に対する教育の普及の問題と密接

にかかわっていた。誰もが聖書を読み，理解できることがプロテスタンティズム運動の出発点であったからである。

ルターによる『ドイツ全都市評議会員に与うる学校設立の必要についての訴え』(1524)，『子どもを就学さすべきことについての説教』(1530) は，都市政府による民衆のための学校設立の必要性が説かれ，義務教育の理念の萌芽が素朴なかたちで主張されている。

ドイツ各地でルターの影響による教育改革の試みが展開された。その代表的な人物としてメランヒトン (1497-1560) があげられる。彼は，ヒューマニズムの精神をプロテスタンティズムのなかに取り入れる努力をおこない中等教育改革をおこなった。

他方，ローマ教会は，またたくまに進展した宗教改革の勢いに衝撃をうけ，カトリックの体制的刷新と立て直しのためにトレント公会議 (1545～63年) を開催した。この会議の大きな成果の一つは，イグナティウス・ロヨラ (1491-1556) を中心とするイエズス会の出現である。イエズス会は，布教のために聖職者養成の教育組織，イエズス会学院を設立した。その学事規則「ラティオ・スツディオールム」は精密な教育課程を定め，その学院は2世紀以上にわたって存続した。

3 コメニウスの教育思想

1 時代背景

コメニウス (J. A. Comenius 1592-1670) は，チェコスロバキアのモラヴィア出身の宗教改革者，教育思想家であり，チェコ名はコメンスキーである。宗教改革のフス運動の系譜に属するボヘミア同胞団の成員として活躍し，のちにその指導者となった。ボヘミア人の民族的独立と宗教的自由をめざすこの教団の運動は30年戦争でドイツ皇帝軍に制圧され，その結果は教団の非合法化におわった。そのためにコメニウスは，生涯を通してヨーロッパ各地を亡命，流浪のうちにすごした。

しかし，厳しい逃亡生活を送りながらも，コメニウスは，宗教改革と祖国解放を一体的に達成する希望を終生失わず，最終的には，現世に平和を実現するための世界政府樹立の理念を抱いていた。その理念の背後には，神の調和的秩序が世界を支配しており，人間は知識を通して徳に向かい，そして信仰にいたるとするコメニウスの世界観があった。そこで，彼はすべての人があらゆる分野の統合された共通必須の普遍的知識の体系（パンソフィア〈汎知学〉と彼は呼んだ）を学ぶべきだと説き，そのための体系化につとめ著作活動をおこなった。その主著『大教授学』（1657）は体系的教授学の先駆的意味をもっている。

2 『大教授学』とすべての人に開放された学校

コメニウスの思想の特質は，人間が生きる意味は来世にあるとする彼岸主義にある。われわれがこの世に存在するのは，胎児が誕生後の生活にそなえて胎内で十分な成長をとげるように，来世でよく生きるための準備を地上でおこなっているからである。人間は，調和的に連関している基本的な知識を学ぶことにより徳を深めることができる。その徳はやがて信仰に向かい，人間を神の似姿としての存在に高める働きをする。したがって学ぶことは，神の似姿としての理性的存在となることを意味し，また理性的な存在としての人間は世界の平和と調和を実現することにもつながっている。

『大教授学』のサブ・タイトルは「すべてのひとに，すべての事を教える，普遍妥当の技術を示す書」とある。これは，コメニウスのねらいがすべての民衆が就学する普通教育制度の確立にあり，そこで教えられる教育内容とそれを学習させるための教育方法の提示が意図されていることを示している。その全篇は33章から構成され，その主要な柱は教育目的ならびに教育内容論，学校教育論，教育方法の理論，学校制度論などからなっている。とくに教育方法については，自然の法則性に学びながら，的確に，楽に，着実に，そして楽しく学習する方法が提示されている。このような体系的論述の著作は，教育の歴史上最初のものであり，コメニウスは教育学の祖と呼ばれることになる。コメニウスは，また世界最初の絵入りの言語入門教科書『世界図絵』（1658）を著し

た。それは，感覚的具体的事物から出発して抽象的概念へという原理に基づいている。

参考文献
H. I. マルー／横尾壮英他訳『古代教育文化史』岩波書店，1985 年
ピェール・リシェ／岩村清太訳『中世における教育・文化』東洋館出版社，1988 年
エウジェニオ・ガレン／近藤恒一訳『ヨーロッパの教育』サイマル出版会，1974 年
石山脩平『西洋古代中世教育史』有斐閣，1961 年
コメニウス／鈴木秀勇訳『大教授学 1・2』明治図書，1962 年

第2章 公教育制度の成立と近代教育思想の展開

1 イギリス公教育制度の成立と教育思想

1 上層階級の子弟のための学校——パブリックスクールとグラマースクール

　内外に名を知られたイギリスの名門校に，ウインチェスター校(1382年～)，イートン校(1400年頃～)，ラグビー校(1567年～)，ハロー校(1571年～)などのパブリックスクールがある。これらの学校は，もともと，パブリックスクールという名称が示すように，大衆に広く開かれた学校であることをうたって始まった。しかし，聖職者養成やオックスフォード，ケンブリッジ両大学進学のための予備門的教育機関であったこれらの学校に学んだのは，当初からせいぜい上層中産階級の子弟であり，まもなく貴族や上層階級の子弟のための特権的な教育機関という性格を強めていった。

　このような学校の多くは，ジェントリーや富裕市民層による土地財産の寄進をもとにした財団立学校として設立された。教育内容の中心は，当時の上層階級の子弟が政治，法曹，医療，貿易などに従事するのに不可欠であったラテン語の習得や人文学的教養であり，そのためグラマースクール(ラテン文法学校)とも称した。16～17世紀にかけて，新興中産階級の成長とともに，このような財団立グラマースクールは急増した(ラグビー校やハロー校は，その例である)が，一方で，その古典語教養教育偏重に対する批判もすでにみられた。具体的には，母国語である英語教育を重視すべきだとする主張や，『学問の進歩』(1605)を著したベーコン(F. Bacan 1561-1626)のように，言語よりも事物に関する知識(自然科学的知識)の学習をもっと取り入れるべきだとする考え方であった。

18〜19世紀にかけて，基本財産の基盤が弱い学校は廃校に追い込まれたり，ほかの文法学校の予備門的存在として吸収されるなど，パブリックスクール間の淘汰がみられた。この背景には，産業革命の進行によって，新興中産階級の実際的・実学的な知識や技術に対する要求がいっそう強まったことがある。パブリックスクールのカリキュラム近代化があまり進まないことに不満を抱いた新興中産階級のなかには，ロンドンやグラスゴーなどの工業都市に自然科学教育を施す職工講習所（メカニックス・インスティチュート）を開設したり，それらに子弟を学ばせたりするものが現れた。

　こうしたなかで，一部のパブリックスクールが「グレートパブリックスクール」として，その特権的な地位を確立していく。19世紀前半にアーノルド校長のもとで改革に成功したラグビー校などだが，それらは実学的・実際的知識や技術が求められるようになっていく風潮のなか，むしろ旧来の伝統的教養教育や訓育を強調しつづけることで，ごく限られたエリートのための教育機関という性格を維持・強化するのに成功した学校であった。これらのパブリックスクールは，現在も公教育制度の枠外に位置する独立した学校として存続している。現在，その数は200校あまりとされる。

　1902年の教育法により，地方教育当局が公立のグラマースクールを設置することができるようになった。財団立のものに加えて，このようにして設置されたグラマースクールは，第二次世界大戦後もいわゆる中等教育機関の三分岐制のなかで，その古典語教養教育中心のカリキュラムとともに，中等教育のモデルとして生き残った。しかし，その後の中等教育機関のコンプリヘンシブスクールへの再編運動のなかで激減し，現在では，グラマースクールに学ぶ生徒は全体の5％程度といわれる。

2　知識は貧民にとって有害である——マンデヴィルの『蜂の寓話』

　中産階級以上のための教育機関とは別に，封建制が解体し，市民社会が成立していく過程で生まれた浮浪人や貧民を対象とする教育の必要性も早くから認識されていた。たとえば，エドワード6世は，街にあふれる孤児や貧しい子ど

もたちを解散した修道院に収容させ，簡単な手仕事と読み書き，宗教教育をほどこさせたとされる（1552年）。このような下層社会の子どもたちを対象とした教育は，救貧・治安維持対策という側面を強くもっていた。

また，宗教教育を基礎にした，下層・貧民層の子どもたちに対する慈善教育も発展した。1698年に設立されたキリスト教知識普及協会は，多くの慈善学校を設置して，国教派信仰の普及と社会秩序の安定を目的とする教育を推進した。読み書きと教理問答（カテキズム）の教育が中心であり，職業準備教育もおこなっていた。同協会の慈善学校は，18世紀の半ば頃には，2000校を数えるようになり，5万人以上の子どもを収容していた。

このような教育は，当時の支配者層が社会的・道徳的秩序の安定をはかるために，下層・貧民層を対象に与えたものであった。しかし，下層・貧民層に教育を与えすぎると，あくせくと働くことを忌避するようになり，かえって有害であるという考え方も，支配者層のあいだに根強く存在した。マンデヴィル（Mandeville 1670頃-1733）の『蜂の寓話』（1714）は，貧民教育を危険視する，このような考え方をよく示す典型であった。アダム・スミス，マルサス，ベンサムら市民社会の思想家たちは，貧民を対象にした公費強制（義務）教育の必要性を強く主張したが，その眼目はやはり治安維持のための道徳教育におかれていた。

3　効率的で画一的な教育方法の普及——モニトリアルシステム

産業革命が進展し，かつてのマニュファクチュア段階の熟練労働者に機械が取って代わるようになると，工場で働く非熟練労働者には，生産性向上につながる知識や技術以上に，勤勉な態度，規律や権威への従順さ（工場労働に適した生活態度や習慣）が求められるようになった。そのための教育として，ますます，宗教教育や道徳教育の役割が強調されるようになる。19世紀には，内外学校協会（ランカスター協会，非国教派）と貧民教育のための国民協会（国教派）が競合しつつ，このような教育の担い手として，その普及におおいに貢献した。また，1780年頃に，グロスターで始まったとされる日曜学校も，19世

紀後半には500万人を超える子どもたちを対象に，宗教教育を中心とする教育をおこなっていた。

　この2つの協会に属する学校では，モニトリアルシステムといわれる教育方法が採用されていた。これは，一人の教師が教えたことを，年長の子ども＝モニター（助教）が担当する子どもたちに対して反復して教え込むというもので，大量の子どもたちを対象に効率的に3R's（読み・書き・算）を教育することを可能にしたものであった。創始者であるベルとランカスターの名から，ベル・ランカスター方式とも呼ばれた。モニトリアルシステムは，当時の工場生産の論理を反映して，効率・能率本位の画一的生徒管理と個人・集団間の競争原理を教育にもち込むものであった。

　モニトリアルシステムは広く国外にも影響を与えたが，19世紀半ば以降は，ペスタロッチ主義の教育方法が導入され，やがて教員見習生制度に取って代わられるようになった。その理由の一つには，労働者・大衆の教育において中心的なものとされていた宗教教育や道徳教育に，効率本位のこの方式が不適切であったことがあげられる。しかし，安価で効率的に3R'sの教育をおこなうという基本的な考え方は，19世紀後半に徐々に形成されつつあった公教育制度に確実に取り入れられていった。

4　労働者の権利としての自己教育——チャーチスト運動と公教育思想

　社会の支配者層は，パブリックスクール，グラマースクールの教育を自らの特権的なものとする一方で，貧民・労働者には，宗教・道徳教育を中心とするもっぱら治安維持のための教育を与えようとしてきた。このような性格をもつ慈善教育や公費強制（義務）教育に対して，19世紀には，産業革命の進展のなかで階級的自覚を高めた労働者階級がみずから，より豊かな教育を要求しはじめた。チャーチスト運動は，そのような労働者の自己教育思想の発展とおおいに関係がある。

　はじめ，ゴッドウィンやコベットといった，チャーチスト運動の指導者たちは大衆に強制される公費教育を否定していた。これは，人間の精神，知性，徳

性の自由な発展のためには，権力的に強制される教育，とりわけ宗教教育は有害であるという理由によるものであった。しかし，これは教育そのものの否定ではなく，むしろ，人間を鋳型にはめこむ教育ではない，教育による人間の発達可能性への深い信頼から生み出されたものであった。この教育観は，ラベットにおいては，人間の尊厳を高め，幸福を増進するための自己教育の思想に高められ，教育を権利とし，権利実現のために教育機会を保障する義務を政府に対して要求する公教育思想につながっていったのである。

このようなラベットによる公教育思想，権利としての教育という考え方の発展に先んじて，オーエン（R. Owen 1771-1858）は，すべての人間は教育と環境によって，幸福になることができるとする理想を実現するための実践を，自ら経営するニューラナークの紡績工場でおこなった。オーエンは，工場内に性格形成学院と呼ばれる，幼児教育と初等教育のための機関を開設し，工場労働者の子どもすべてに無償で開放した（1816年）。その教育方針は，お互いの幸福を実現するための共同生活の習慣を形成すること，身近な事物に即した科学的知識や理性の獲得であった。

オーエンの性格形成学院は，共同出資者らの理解不足もあり，それ自体としては成功を収めることができなかった。しかし，環境の改善による人間の知的，道徳的成長と発達の可能性，それがやがて社会の改良へとつながるという彼の人道主義的教育思想は，これ以降，権利としての教育という考え方とともに20世紀の労働運動などに受け継がれ，「すべての者に中等教育を」の思想による教育の改造に影響を及ぼした。

また，19世紀には教育の質的・量的な発展を背景に，チャーチスト運動とのかかわり以外にも，体系的な教育思想や理論が登場した。ジョン・スチュアート・ミル（J. S. Mill 1806-73）は，父ジェームズ・ミルの教育論を引き継ぎつつ，人道主義的功利主義と連想心理学の立場から，社会進歩の基礎としての人間の諸能力の調和的発達の必要を説いた。そして，そのために宗派教育を排除した公費強制教育（義務教育）を提唱した。また，スペンサー（H. Spencer 1820-1903）は，社会的ダーウィニズムの立場から，『教育論』（1861）を著し，教育の

目的を「完全な生活に対して人間を準備すること」として，古典教養教育に対する実学的教育の重要性を主張した。

5 健全で安価な公教育制度の誕生——改正教育令と1870年教育法

19世紀に産業資本主義の確立期を迎えたイギリスでは，労働者大衆の子どもたちを対象とする教育を慈善的・自発的（ボランタリー）なものだけにとどめず，国家が介入して公費による教育をおこなうべきだとする考え方が，次第に強まっていった。これは，基本的には，労働者としての生産性を高めるという観点から最低限必要な知識や技術を教えるべきだとしたり，治安維持のための宗教教育や道徳教育をこそ徹底すべきだとする教育観に基づくものであった。したがって，オーエンのように，労働者・貧民層の教育を通じての幸福獲得と人間解放を訴える教育思想とも，上層階級子弟のための古典語を中心とした教養教育の考え方ともちがうものだった。

大衆教育に対する国家の干渉強化は，はじめ工場法（1802年のものが最初）によって，年少の子どもたちの雇用を禁止したり，やや年長の子どもたちの部分的（パートタイム）な就学の強制というかたちで現れたが，これは，就学の時間的側面のみ規定するにとどまっていた。大衆教育の標準的内容をはじめて示したのは，1862年の改正教育令である。すでに，1833年には，内外学校協会と貧民教育のための国民協会を通じて，私立学校に対する補助金交付が開始され，伝統的なボランタリズム＝不干渉の原則に修正が加えられはじめていた。改正教育令は，3R's（読み・書き。算）のスタンダードを定め，それに基づく子どもたちの試験の結果や出席状況によって，学校に対する国庫補助金額を決定するという，悪名高い出来高払い制度を導入したのである。

改正教育令の意図は，まず国庫補助金交付の効率化ということにあった。そして，労働者階級への知識の与え過ぎはかえって有害であり，国家は大衆にとって「道徳の教師」たるべきだとする教育観に基づく，公教育制度の基礎をかたちづくった。この基礎をさらに全国的制度として確立したのが，1870年の教育法（法案提出者の名前をとって，フォスター法とも呼ばれる）である。同法は，

全国を学区に区分して，既存の教会立学校や私立学校などでは不足する学区に公選制の学務委員会を設け，これに基礎学校を設置させること，この委員会立学校では特定宗派のための宗教教育をおこなわないこと，5～13歳の子どもの就学を強制できるようにすることなどを定めた。

　このようにして確立されたイギリスの公教育制度は，強制就学（義務教育）や非宗派教育の要素を盛り込んでおり，1869年に設立され，非宗派の世俗教育や教育の義務・無償制を主張していた全国教育連盟や労働者階級の教育要求に応える側面も有していた。しかし，教育をすべての人間が発達するための権利としてとらえる理念の実現にはまだ程遠いものだった。この段階では，基礎学校の教育はほぼ3R'sと道徳的教化に限定されていたし，何よりも，上層階級の子弟を対象とした中・高等教育からは，まったく切り離された教育であった。労働者階級の教育要求がさらに高まり，基礎教育が中・高等教育に接続する初等教育として改編されるのは，第二次世界大戦後の教育改革まで待たなくてはならなかった。

参考文献
　井野瀬久美恵『子どもたちの大英帝国』中央公論新社，1992年
　堀尾輝久『現代教育の思想と構造』岩波書店，1992年

2 フランスの近代公教育制度の萌芽

1 革命による合理化

　フランスにおける近代公教育の成立は，フランス革命期の教育改革案にさかのぼるが，それは同時に宗教から教育をいかに解放するかという課題に応えようとするものでもあった。このことは，暦の改革に象徴的にあらわれている。1792年9月22日を革命暦第1年の1日目と定め，十進法を採用して，10日を一週間とし30日を1カ月にした。そして12カ月のそれぞれにフランスの自然や農業をあらわす名称を付けた。たとえば，4月にあたるものとして「花月＝フロレアール」，7月は「熱月＝テルミドール」，10月は「霧月＝ブリュメール」，12月は「雪月＝ニヴォーズ」といったように。そして，残りの5～6日は革命祭日として年末におかれた。

　つまり，社会全体を合理性や理性といった発想でデザインしなおす意図がここにあらわれていたのであり，度量衡も十進法に改められた。これらのことは，空間や時間を合理化しようとするものであり，王政とキリスト教からの解放として位置づけられた。革命暦制定に関して議会で報告された文書にも，「キリスト教暦は，残忍と裏切り，また隷属の暦であり，あらゆる災いの源泉としてあった王政とともに終わりを告げる」との記述がある。過去との断絶が宣言されているのであり，共和国という新しい社会の構築がめざされ，その実現に向けて教育が重視されることになったのである（なお，この場合の「教育」とは，学校教育のみをさすものではなく，劇場や図書館といった場所も念頭におかれており，なかでも「祭典」という方法は重要でありかつ有効な手段として認識されている）。

2 コンドルセの公教育構想

　まず，革命後の公教育計画を立案したコンドルセの構想をみておく。それは，私事としての教育を組織化しようとする発想を基盤としている。

　コンドルセは，知育中心の教育を構想し，それにより人々の間に従属関係を生み出すような不平等をなくそうとした。たとえば，法律の初歩的な知識を身

につけていれば，法律家に従属することなく，法律家の援助を得て自らの問題を解決することができると考えた。要するに，人々が権利を平等に行使できるように，必要な知識を普及させる制度として公教育が構想されていたわけである。

議員となったコンドルセは，議会への報告と法案（公教育の一般組織に関する報告と法案）のなかで，国民教育を，①初等学校，②中等学校，③アンスティテュ，④リセ，⑤国立学術院の5段階から構想することを述べている。アンスティテュは，指導者層の養成機関とされ，リセは大学に相当するものとして考えられていた。また，国立学術院は，いわば教育行政の権限を有する機関として構想され，学術の研究・普及と公教育の監督にあたるとされていた。

いっぽうで，彼は今日的な意味での義務教育の制度に関してはふれていない。自由や合理主義を尊重し，教育の自立性を大切にするために，宗教からの独立はいうまでもなく，国家からの影響もなくしていこうとしたため，とくに親の教育の自由と権利を実現するために，親に対してその子どもに教育を受けさせる義務を課すことはしなかった。コンドルセは，教育権は親に固有の自然権と考えていた。したがって，すべての法律に先立つものとして親の教育の自由が保障されなければならないのである。公権力からの一方的な就学の強制は，批判されねばならないのであった。

ここでコンドルセが想定している親とは，子どもの教育についての権利行使において十分に思考し選択的に行動ができる親ということになる。つまり，ひとことでいえば，子どもの労働に頼らずに済むような「裕福な家庭」が前提とされていたといえる。したがって，この公教育構想には，少数の市民の利益になるだけではないのかといった批判が加えられることになる。

3 ルペルティエによる「教育舎」構想

このような批判は，国民公会成立後の公教育計画案を書いたルペルティエによるものである。彼は，親の資力あるいは能力によって生じる不平等を指摘し，教育による利益は，同じ共和国の市民の間で平等に配分されなければならない

とした。それは，道徳的にも知的にも，そして身体的能力に関しても，全員にひとしく共通な教育が必要であるという主張であった。

　経済的な面に関しては，累進課税による克服の道を提示しつつ，具体的には，5～11歳（男子は12歳）までのすべての子どもを対象にして，共和国を形成するために必要な職業的専門性に対応できるような「原材料」の準備，要するに，あらゆる職業に共通して有益な知識を身につけさせることを目的とした公教育を構想した。

　このような「共通性」の追求は，彼の「国民教育舎」（そこでの教育は義務）の提案に端的に表現されている。これは，寄宿舎に似た制度をつくり，そこで同じ服を着，同じ食事をとり，同じ教育を受け，差別なく平等に育てられ，そのことで共和国の市民を形成しうるとするものである。

　ここには，政治的意図が明確に示されている。革命によって生まれたばかりの共和国にとっては，まずは，その価値，つまり自由や平等，そして理性への信頼といったことの普及が不可欠であった。それは，社会的経済的に有用な人材の育成という観点，つまり，労働力の基礎形成としての公教育制度の必要性につながるものでもあった。共和国を維持する新しい人間の創造が必要だったわけである。

　フランス革命研究で業績を残した歴史家ルフェーヴルは，当時のフランス人にとって自由と平等とは不可分のものであったが，どちらかを選べといわれれば平等を選んだだろうと述べている。農民が自由を迎え入れたのも，それによって領主の権力が消滅し一市民になることで平等が実現されるからであったとも述べている。ここには，批判精神や他者の権利の尊重，理性に基づく共同体への献身といった価値の社会原理としての重要性が意識されている。このようなとらえ方は，公教育における自由と平等との関係を読み解くうえで重要であり，今日のさまざまな教育改革のありようを分析する視点を提供しうるものであろう。このような革命期の議論から，公教育の政治性という，より現実的な思考の視点を引き継ぐことができるのではないか。たとえば，教育の自由に対する国家的介入の是非を論じるといった観点からだけの議論では，国家自体を

つくり，かつ，つくり変えていく市民の形成という公教育論の議論を不十分なものにしてしまうだろう。

4　政治共同体への全面譲渡

では，いかにして国家そして国民は形成されるのか。教育において「ナショナリズム」を語ることは，保守的・差別的な意味合いを含むとされるのが一般的であろう。しかし，共和国の形成という観点に立てば，むしろ積極的な意味をその語に見いだすことは可能である。

フランスにおいてnationの概念を語るとき，ルナンが引用されることは多い。彼は，人間は種族や言語，宗教などの奴隷ではなく，「連帯」し，共同生活への「合意」によって共和国を形成していくと考えた。しかし，同時に，サイードが明らかにしたように，彼は人種間の不平等と少数者による多数者の支配を必然とし，高等人種と下等人種とに人々を分割してもいる。

しかし，ここで着目したいのは，フランス共和国が，所属集団（属性）を離れた各人の合意に基づいてつくられる政治的共同体として考えられているという点である。このような契約に基づく社会のイメージは，フランス革命に影響を与えたルソーにみられるものである。

自らの利害を優先する人間同士をいかにして結合させ，かつ，自由でありつづけることができるのか。ルソーはこの課題に応えるため，「全面譲渡」という考え方，すなわち，各人は自己のもつ一切の権利とともに自己を共同体に全面譲渡するという発想をとった。そして，これが構成員全員によって同時におこなわれることによって，各人間の条件は同じとなり，自分が与えたものと同じものを得ることができ，かつ，構成された共同体によって自分の得たものは守られるというわけである。このような契約行為により，各人は一体のものとなり，全体の不可欠の要素となるのである。

このようにして成り立つ人々の結合状態（組織体）については，その発想においてホッブズと似ている。ただし，譲渡されたものを誰が受け取るかという点が異なる。ホッブズは，一人の人間あるいは合議体をそれに充てていたが，

ルソーは、『社会契約論』で述べられたように、この結合行為は一つの精神的・集合的組織体を創出し、それは共同の自我、意志といったものを受け取る。そして、このような公的人格に対して、「共和国 (République)」という名称が与えられるとした。重ねていえば、各人の個別的な利害がぶつかり合えば、各人の生命自体も脅かされることになるのだから、契約を結ぶことでそれらの利害は政治共同体に全面的に譲渡されたわけである。したがって、その組織体の一般意志に反するような個別の利益の主張はあり得ないということになる（もちろん、このことを現実の政治的行為として具体化していくときの課題はある）。ルソーは、たとえば、自分も被害を受けたくないから相手の利益も尊重することになるといったような、人々の相互依存（あるいは調整能力）にではなく、全体への人々の依存・献身によって秩序が維持されると考えたわけである。

このように個人生活における個別利害を離れたところで結合状態をつくり上げようとする考え方は、今日までフランス共和国の基本原理となっている（第3章の3を参照）。しかし、このような観点はなんの抵抗もなくすぐに制度化されたわけではなく、フランスの公教育は、全体性への要求と親の教育の自由とのぶつかり合いのなかから生みだされてきたといえる。

5　教育における自由の原則

先に、ルペルティエの教育改革案について述べた。それは、一体としての共和国の姿にかなっているようにみえる。しかし、議会においては実質的に否定さることになる。それは、その国民教育舎への強制的収容への反発であった。つまり、家庭のなかでの親子関係における教育効果を否定していると受け取られたのである。子どもを家庭から引き離すことは自然に反し、道徳性にも反し、子どものためにならないというわけである。

これに対して、ロベルピエールは、これを個人の個別・特殊な意志と一般意志との関係の問題であるとしたうえで、次のような趣旨の発言を議会でおこなっている。すなわち、教育舎に入るまでの5年間は父母とともに過ごしているのであり、その後7年間は確かに家庭から引き離されるが、それは子どもを祖

国の手に委ねるということであり，その期間においても，父親によって組織される委員会が教師を監督することができる。また，この教育舎の制度によって家庭環境による子どもへの不平等な扱いは平等化されると述べた。教育舎にいる期間は，子どもは労働力を提供することはできなくなるが，教育を受けることでそれを上回る価値が得られるとも述べている。

しかし，最終的には，強制的な収容という点は修正せざるを得ず，父母の随意となり，そこに入ることに同意しない者に対しては私的教師による教育が可能となった。つまり，一般意志という考え方よりも，教育の自由の原則が力をもっていたということになる。

6　ブキエ法の統制的性質

では，革命後の新しい人間の形成を，教育の自由と両立させつついかに実現していくのか。その一つとして，初等教育法として成立することになるブキエの発想をみてみたい。これは，採決が有力視されていた全教育階梯を公営とするロンム案（実質的にはコンドルセ案を引き継ぐような内容）に対して，「自由」を人々に感じさせるものであった。

ブキエは，まず，人間を労働する者ととらえ就労の義務を規定する。そして，そのためには革命生活，すなわち民衆による集会の教育的意義を高く評価している。そのうえで，教育事業の運営を市民に開かれたものにし，誰でも必要書類を届け出れば教える自由を行使できるようにした。もちろん，学ぶ自由（正確には学ばせる自由というべきだろうが）を小学校の選択権というかたちで親に保障している。

その一方で，しっかりと教育内容について統制を加えていく。教科書を作成し，教師はそれに従って教育することが求められる。そもそも届け出によって開設された学校に対しても，共和国の理念や法律に反するような教授は許されず，違反には罰則が用意されていた。なお，教師への給与は国の負担としたが，そこには競争原理が導入され，就学している生徒数に応じて支給額が決定される仕組みとした。

このようにブキエによる提案は，共和国市民の形成を，個人の自由の行使を含みつつ公教育制度のなかで実用しようとしたのであるが，審議の過程で一部修正がおこなわれている。小学校への就学を，その選択権は残したまま，義務化し，就学年齢や就学期間についても修正がおこなわれた。教師がいない地域には，公権力により教師を配置するという新たな規定も設けられた。このようないくつかの修正を経ることで，罰則規定なども含め，このブキエ案は，一層，統制的性格を強めていくことになったといえる。

ここには，子どもは共和国に属するとする考え方がある。審議のなかでダントンは，共和国は「一にして不可分」であると述べている。これは，現在のフランス憲法にも明記されている革命以来の国家の形成原理である。

7 ドヌー法の階級的色彩

ところが，このブキエによる法律も，テルミドールの反動（1794年）後，コンドルセ案の系譜に入る自由主義的なシエイエス案によって批判されることになる。

そして，教育の自由を基本原則とする，知育中心主義的な特徴をもつドヌー法が成立する。それは，子どもを家庭から奪い取ることをせず，私的教育施設の設立の自由を認め，そして公的な教育機関への就学は強制されないことを確認している。ドヌーの考えによれば，教育の本来的な姿は私教育であり，公教育はやむを得ない過渡的なものということになる。そのためなのか，ドヌー法では小学校も有償となっていた。また，小学校のあとの教育機会については，基本的には接続がなされておらず，実質上，民衆には関係のない教育機関として中等学校が存在することになっていた。これは，教育の機会均等という観点からすれば，大きな問題を含む法律であったといえる。いわば階級的色彩の強い法律としてこれを位置づけることができる。

以上のように，フランス革命期における公教育の組織化をめぐる議論は，知識中心の自由主義的な色彩のものと，訓育的で共通の価値の共有を重視する統制的なものとの間をゆれ動きながら進んでいった。そして，そのなかからすべ

ての子どもの教育への権利とそれを保障するための義務教育制度という発想が生じてきたことに注目しなければならない。つまり，一見すると統制的ではあるが，それが平等の実現や貧富の差による教育機会の不均衡の是正，そしてそのことが民主的な社会の建設に結びつけられていくという理念は，19世紀末に実現するフランスの公教育制度の基盤となったといえよう。

8 義務・無償・世俗の制度化

　革命による共和政ののちナポレオンの登場による帝政，そして王政・帝政・共和政と政治は動きながら，時代は，普仏戦争（1870年）後の第三共和政（〜1940年）期に入る。1876年の総選挙で共和派が勝利すると，フランスの公教育制度は一挙に整備されていくことになる。それは，1879〜1885年の間に教育大臣と首相を歴任したジュール・フェリーを推進役とするものであった。

　まず，1881年6月に初等教育の無償に関する法律が成立する。ここでは，無償が社会的統一にとって望ましいこと，また，教育は子どもの権利であるとの認識が示され，翌年3月には就学義務を規定する法律ができた。これに対しては，国が家族の領域に入ることを非難する意見もあったが，ここでも社会の全般的な利益という観点が強く出され，かつ，制度的確立を確かなものとするために，学校を欠席する場合の理由の届け出を厳格なものとする規定が設けられた。親がその子どもを就学させない場合には，罰則も規定された。

　しかし，この二つの原則は，次の世俗性の原則に比べれば，共和派による議論が比較的通りやすかったともいえる。つまり，政教分離を義務教育制度の原則としていくことは，カトリック勢力の強い抵抗にあうことになった。教育課程から宗教教育を排除するとともに，教師の世俗化も課題としなければならないからであった。結果的には，激しい論戦があったものの，1882年3月の法律に世俗化に関する条項が入ることになった。もちろん，宗教教育そのものが否定されたわけではない。日曜日のほかにもう1日を休業日として，学校以外の場所で親は自由に宗教教育の実施をおこなうことができるとされた。フランスの義務教育制度は，その誕生のときから「学校5日制」であったということ

になる。なお，教員の完全な世俗化は1886年まで待たねばならなかった。

このように1880年代にフランスの近代公教育制度の基礎が確立されてくることになったが，その定着までにはもう少しの時間が必要であった。とくに，世俗化（教育の非宗教性）の実現にとって，1905年の政教分離法は重要なものであった。しかし，小学校の設置はフランス全土に急速に広がり，20世紀に入るころには9万校を越えていた。

9　今日的教育課題とのつながり

フランス共和国にとって，宗教などの私的ことがらを公教育のなかでどのように扱うかは，革命以来の課題であるといえる。そもそもそれを「私的」なものとして位置づけるかどうか，また，教育の自由との関係でどう位置づけるかなど，今日のイスラームの問題をこのような過去の経緯のうえで理解していくことが求められている。

これは，いわゆる多文化社会における教育課題でもある。共和国という枠組みを前提とし，それへの統合不可能性として一定の宗教などをとらえることは，かえって共和国の理念に反することになってしまう。たとえば，ムスリムの問題は「宗教の問題」なのかどうかを問い直す必要もあるだろう。共和国の原則は，個人の属性は問わないという点にあるのだから，ある者たちの統合の困難は，「一にして不可分の共和国」の側の「寛容性」を問う契機なのかもしれない。人種や民族，宗教，国籍などの「所属」，およびそれを基盤とした思想・信条などから人々を「解放」し，信仰などの私的領域に属することがらに対する自由を保障しつつ，政治的連帯によって国を形成すること，これが「共和国原理」といわれるものだからである。

フランスという国家は，さまざまな人の雑種性の上に成り立っている統一体ということになる。これこそが「共和国」の特徴である。そのことを理念として定着させ，かつ，制度として具体化していくこと，これが革命期から今日までの教育改革の足跡であり，その蓄積から自由や平等という人権保障の概念が確立されてきたのである。

参考文献

小林亜子『フランス革命と公教育：揺籃期公教育における「祭典」のユートピアと「エコール・サントラル」の実験経験』三元社，2010 年
桑瀬章二郎編『ルソーを学ぶ人のために』世界思想社，2010 年
作田啓一『ルソー　市民と個人』白水社，2010 年
フランス教育学会編『フランス教育の伝統と革新』大学教育出版，2009 年
コンドルセ／松島鈞訳・解説『公教育の原理』（改訂版）エテルナ，2007 年
サイード／今沢紀子訳『オリエンタリズム』（上・下）平凡社，1993 年
ルナン他／鵜飼哲他訳『国民とは何か』河出書房新社，1997 年

3 ドイツ公教育制度の成立と教育思想

1 公教育制度成立の前提と一般農村学校令

近代的な公教育制度成立のためには、近代国家の成立と国民意識、世俗化が前提となる。ドイツは19世紀初頭になっても大小の多数の領邦国家に分かれており、そのなかで最大の領地を占めていたプロイセンが中心となり統一国家が成立したのは1871年のことであった。

近代以前、教育は家庭のほか、都市やギルド（同職組合）、とりわけ教会によって行われていたが、絶対王政を経て近代国民国家が成立すると、国家が教育の主体になり、職業団体などの中間的集団、なかでも教会の教育的役割を限定し、教育における世俗化が進展していく。

1701年に建国されたプロイセンは当初後進国であったため、経済的発展と軍事的大国化が急務であり、読み書きのできる有能な生産者や下士官が必要とされ、公教育においては民衆教育によって人材を育成しようとした。

ドイツの民衆学校には、①実用的なドイツ語教育をめざすもの、②宗教的な教育を中心とするもの、③上級学校進学を想定した市民層のためのもの、という三つの源泉があったといわれているが、いずれにしても宗教や身分、階層によって異なった教育が与えられていた。

また1763年には、フリードリヒ大王（在位1740-86）によって一般農村学校令が発令され、国家による教育内容を含めた民衆学校の制度が定められた。この学校令は領域内のルター派の農村学校に関する規程であり、単級学級（5、6歳から13、14歳までの異年齢児による複式授業）を標準的な民衆学校と定め、読本、聖書、教理問答書などを用いて、読み書きと同時にルター派の教義を学ぶこととしていた。

この学校令は世俗化が不十分で財政的基盤も整っていなかったものの、プロイセンの公教育を大きく前進させる発端となる学校令であった。

2　18世紀末の啓蒙思想（汎愛主義）

　フリードリヒ大王が啓蒙専制君主と呼ばれているように，18世紀のプロイセンは，啓蒙主義と専制君主（絶対王政）が対立するのではなく，君主が啓蒙主義の担い手でもあるところに特徴があった。それだけイギリスやフランスと比べて啓蒙思想が弱体であったともいえる。そうした背景のもとで汎愛（博愛）主義と呼ばれる啓蒙主義的な教育思想が生まれてきた。

　汎愛主義は，『エミール』（1762）を著したルソーの影響を受け，子どもの本来もつ自発性を重視する考えにもとづいた教育をめざしていた。汎愛派の創始者バゼドウ（J. B. Basedow, 1724-90）は，『博愛家および資産家に対する提言──学校と学問機関ならびにそれらの公共の福祉へ与える影響について』（1768）や『基礎教科書』（1774）などを著し，それまでの教育方法を批判して実用的知識を内容とする，直観中心の教育方法を主張した。彼は，重商主義下の社会で，民衆層の子どものための無償の「多数学校」と，貴族や有産市民の子どものための，ギムナジウムやアカデミーへ進むこともできる有償の「少数学校」からなる学校制度を構想した。彼は，教会から解放された，国家による世俗化された教育がおこなわれねばならないとも主張した。そして，教員養成を重視する汎愛学舎（Philanthropinum）と呼ばれる学校を開いた。

　汎愛学舎は20年弱で閉鎖されたが，同じく汎愛主義の教育思想家として知られるカンペ（J. H. Campe, 1746-1818）もここで教鞭を執った。彼もまたルソーの影響を受け，『新ロビンソン物語』（1779-80）や『娘に与える父の助言』（1789）などの教訓書を著した。

3　民衆教育とJ. H. ペスタロッチ（J. H. Pestalozzi, 1746-1827）の思想

　汎愛派は国民教育構想のなかでも主として市民・有産階層の子どもを対象としていた。それに対し，バゼドウの影響を受けながらも，ロヒョウ（F. E. v. Rochow, 1734-1805）は，農民層の知的啓蒙に努めた。農民の読み書き能力の欠如と偏見をなくすため，彼は当時の機械的暗記中心の宗教教育を排した実利的な教育をめざし，『子どもの友』（1776）を出版した。それまでの民衆学校で教

材として用いられていた聖書，教理問答書，賛美歌集などの宗教的素材と異なり，宗教や倫理的な内容のほか，実科的内容についても収められている点で新しく，広く受け入れられた。

そしてドイツにおける民衆教育の重要な思想的基盤をつくったのが，ペスタロッチである。ペスタロッチは，スイスのチューリヒに生まれ，大学に進んだのち，ルソーの影響を受け，政治活動に参加するようになった。その後，農場や貧民学校の経営を始めて教育実践にかかわるようになった。さらに孤児院を経営し，教員養成施設を併設した学園を開設したりするなかで，彼の教育実践と著作が注目されるようになった。

彼は，民衆層の子どもへの教育を構想し，著作「メトーデ」(1800)や『ゲルトルート児童教育法』(1801)などにおいて，「直観教授 (Anschauungsunterricht)」の理論を明らかにした。彼によれば，知識は常に「数」「形」「語」の三つの要素をもつ。それらの要素を教えるために，家庭での母親の子どもへの教育を模範とし，「自然そのものの直観」を基礎とした「合自然的」教授法(「メトーデ」)を彼は構想した。また，子どもが頭，心，手を調和的に発達させながら学ぶことの重要性を述べている。このように子どもの生活に密着した形で直観的教授法を構築したことによって，民衆層の子どもの基礎学力育成をめざした。彼の教育理論は広範に普及し，民衆教育の可能性を広げた。

ペスタロッチの思想は，当時の多くの教育者に影響を与えた。19世紀前半の政治家フンボルト (W. v. Humboldt, 1767-1835) は，ペスタロッチの学園にディースターヴェーク (F. A. W. Diesterweg, 1790-1866) をはじめ多数の教師を派遣し，ペスタロッチ主義の普及に貢献した。ペスタロッチは，ヘルバルトやフレーベルの思想に影響を与えたが，彼らはそれぞれの課題を追求するなかでペスタロッチを乗り越えようとした。

4　J. F. ヘルバルト (J. F. Herbart, 1776-1841) の思想

ヘルバルトは，イエナ大学で学び，カント，ヘルダー，ゲーテ，シラー，フィヒテらの影響を受けた。スイスのベルン州知事の3人の子どもの家庭教師を

3年間つとめるなかでペスタロッチを訪ね，彼の教育学にふれる。その後，1802年にはゲッティンゲン大学で教授資格を取得し，教育学を教えるようになった。

彼は，『一般教育学』（1806）や『教育学講義綱要』（1835）を著し，近代的教育学の確立をめざした。ペスタロッチや汎愛派など従来の教育論が主として経験的な教授法に依拠していたのに対し，ヘルバルトは哲学と心理学を中心に，学問としての教育学を構築しようとした。教育の目的は道徳的判断の育成にあり，その前提は教授による多面的な関心の育成にあることを，ヘルバルトは哲学的に基礎づけた。さらに彼は，心理学的観点から，子どもに教えるべき段階を「明瞭→連合→系統→方法」の四段階に区分して，教授の方法を考えた。この段階説は，後にツィラー（T. Ziller, 1817-82）やライン（W. Rein, 1847-1929）などの教育学者に継承された。ラインはこの四段階を「予備→提示→比較→概括→応用」の五段階教授の理論に補足し，彼の教授理論は19世紀後半のドイツのみならず，各国の初等教育に大きな影響を与えた。このヘルバルト主義の教育方法は，のちに新教育期の教育者たちに批判されることになる。

5　F. フレーベル（F. W. A. Fröbel, 1782-1852）の思想

私たちが現在知っている幼稚園の祖となるキンダーガルテン（Kindergarten,「子どもの庭」の意味）を考案したのが，フレーベルである。彼は，牧師の息子として生まれ，大学で学んだあと，教師になった。1808〜10年まで家庭教師として3人の子どもと共にスイスのイヴェルドンにあるペスタロッチの学園に滞在し，その指導を受けた。1816年には「一般ドイツ教育舎」をおこし，翌年にはカイルハウに学園を開設したが，危険思想の疑いをもたれて閉鎖した。学園では，ペスタロッチの影響のもとに「自然」に沿うため，農作物の栽培や庭園づくりなど子どもの活動を重視した。1837年にはチューリンゲンで幼児教育施設をつくり，さらに1839年に保育者養成施設を兼ねた「遊戯・作業園」を開設した。翌年，これらを合わせて「一般ドイツ幼稚園」と名づけた。これが，幼稚園の始まりである。しかし，1848年の三月革命勃発時に自由主義運

動を支持したため，この施設もプロイセン政府によって無神論と社会主義の嫌疑をかけられ，1851年の幼稚園禁止令によって廃園とされた。しかし1860年には禁止令が解除され，その後，彼の創案した幼稚園という教育施設は，世界各国に普及していった。

　フレーベルは，遊戯が子どもにとって重要な活動であると考え，恩物（Gabe）と呼ばれる，球体や四角などの形の教育道具を考案した。人間は神性をもつ存在であり，その活動や創造は内に秘められた神性の発現であると，彼は考えた。恩物を用いた教育は，遊戯をつうじて子どもの活動衝動と創造衝動を刺激し神性を発現させるものであり，人間の発達のために必要なものであると理解された。フレーベルは『人間の教育』（1826）や『母の歌と愛撫の歌』（1844）などの著作で，自身の世界観と教育構想を広く伝えようとした。

　フレーベルの教育思想はドイツの幼児教育思想に影響を与えただけでなく，ジョン・デューイの『学校と社会』（1915）や『民主主義と教育』（1916）にみられるように，アメリカの新教育期の思想にも影響を及ぼした。

6　19世紀以後の国民国家形成の遅れと国民教育思想

　18世紀の汎愛主義者たちによって世俗化の視点が示された。また彼らの多くは国民教育構想を論じた。前述のバゼドウの国民教育制度論は，絶対主義を肯定し，重商主義を支持するものだった。国民教育論に大きな変化をもたらすきっかけになったのが，ナポレオンのフランス軍に対するプロイセンの敗北であった。

　19世紀初頭，プロイセンでは，ナポレオンによる侵略がきっかけとなりシュタイン＝ハルデンベルクの改革（1807-10）がおこなわれ，絶対主義的な国家体制から近代国家への移行が始まった。この時期，教育行政分野における改革は，フンボルトによって主導された。イギリスやフランスなどの先進諸国とは異なり，ドイツでは，社会の近代的発展は始まったものの，国民国家の形成は遅れ，1848年の三月革命によっても実現せず，1871年の統一に至るまで多数の領邦国家の分裂状態が続いた。しかし近代化と並行して，統一的な国民教育

への要求は高まっていった。ナポレオンの侵略を受けておこなわれたフィヒテ (J. G. Fichte, 1762-1814) の愛国的な講演『ドイツ国民に告ぐ』(1807-08) は，フランスの強さを国民軍の強さに求め，まだ形成されていない「国民」に向かって国民教育の重要性を説いた。ナポレオン戦争以後の国民教育論は半封建的国民主義の立場によるものが多く，1919年のジューフェルン教育法案もその影響下にあるとされる。

　国民国家が安定的に成立するためには，領地内の住民が同じ国民であるという意識をもつ必要がある。そのためには言語の同一性はもとより，誰もが知っており文章表現の模範となるような国民文学が必要だった。それによって標準的な国語が確立され，同じ物語を共有しているという国民意識も高められた。この意味での国民文学はドイツの場合18～19世紀にかけてゲーテやシラーらの古典的文学によって形成された。しかも国民国家の形成という政治過程に先行して文学作品のなかで国民が先取りされたため，ゲーテやシラーの国民は同時に世界市民としても描かれており，カントを含めてこの時代の作品には理想主義的なところがあった。またシラーの『人間の美的教育について』(1795) は，19～20世紀転換期以後の芸術教育運動の理論的基礎にもなった。

7　19世紀初頭の学校改革

　19世紀初頭プロイセンの教育行政改革をおこなったフンボルトも，ドイツ理想主義をかかげる政治家であった。世界市民を視野に入れた彼の「教養」の理念は大学教育だけでなく，民衆教育を含めた教育全般に影響を与えた。彼は1810年，ベルリン大学を創設し，民衆教育のために優秀な教員養成をめざし，ペスタロッチ主義者をプロイセンに招き師範学校を増やした。

　19世紀初頭のプロイセン学校改革の指導者たち，すなわち，フンボルト，シュライアマハー，ジューフェルンは，人文主義的な立場にたって民衆学校から実用本位の方針を取り除こうとした。

　ジューフェルンは，1819年にプロイセン教育法を起草した。ジューフェルン教育法案と呼ばれるこの法案は，フィヒテの国民教育理念の影響を受けてお

り，公立学校では個別職種への実利的な教育よりも，人間それ自体の一般的陶冶をめざすと規定していた。初等教育においてもこうした人文主義的理想主義を導入しようとした点で，画期的なものであった。しかし本案が廃案となったことに示されるように，すでにこうした理想主義的な教育は後退しつつあった。メッテルニヒの主導するヨーロッパの保守主義的な体制のなか，プロイセンでは理想よりも現実が重視され，政治的には権力国家的大国への道が，経済的には資本主義的発展が軌道に乗り始めた。1848年の市民革命の挫折はドイツ理想主義が現実に屈服したことを意味する。

　そうした潮流を示すのが，1854年に制定された三規程である。宗務公教育相ラウマーとシュティールによって，それまでのペスタロッチ主義者たちによる人文主義的な人間形成論を退け，単級学級を基本とし，宗教，読み書き，算数と唱歌といった教育内容に戻し，市民革命とその支持者の影響を公教育から排除しようとした三つの規程（王国の福音派師範学校の教授に関する規程・福音派師範学校志願生の教授に関する規程・福音派単級初等学校の組織及び教授に関する大綱）が公布された。それらは，ペスタロッチ主義者で19世紀の民衆教育改革者ディースターヴェークの一般人間陶冶の理想を非現実的であると排斥し，信仰心と愛国心を中心に教育を組織化しようとするものであった。

8　ドイツ統一と一般諸規程

　宰相ビスマルクは，ドイツ統一翌年の1872年，すべての公教育教授および私教育教授の施設監督は国家がおこなうとする学校監督法を成立させ，統合化に反発していたカトリック聖職者の影響力を弱めようとした。さらに同年，三規程を廃止し，一般諸規程（プロイセン民衆学校の組織，課題，目的に関する一般規程）を公布した。教育内容については，幾何初歩，歴史，地理，博物，図画，体操（男子）裁縫（女子）が加えられた。また教室の規模・設備についても近代的教育配慮のある基準が設けられた。本規程は教育内容，教育方法，教員養成において近代化を推し進めたものとして評価された。またこの規程は，従来よりリベラルで産業化への要求にも合致する教育制度をめざすものでもあった。

9 ビスマルク体制下の教育の課題

このように 18 世紀末から 19 世紀前半にかけて自由主義で人文主義的な性格をもつ教育思想がとなえられ，一定の影響力をもったが，社会の資本主義的発展と権力国家への発展の延長線上に，ビスマルクによってドイツが統一されるなかで，影の薄いものになっていった。しかしその一方で国民は法的に平等な「公民」でもあるとされ，統一後，全国的に「公民」の多くを教育する民衆学校の役割が改めて課題となっていく。

もともと啓蒙主義や重商主義の影響もあり世俗化は進行していたが，統一後，国家はさらに教会の影響を抑えようとした。教会のほかに当時，新たに社会民主主義者が政府にとって禁圧の対象となった。1878 年にビスマルクは社会主義者鎮圧法を制定した。新皇帝ヴィルヘルム二世 (在位 1888-1918) のもとでも，信仰心や愛国心の育成と，社会民主主義排除を求める五月勅令が 1889 年に公布され，師範学校や民衆学校教育でも社会民主主義に対抗する方針が示された。

1717 年にブランデンブルク＝プロイセンの全領土に全面的な就学義務が導入されて以来，19 世紀末までにはすべてのドイツの子どもが初等教育を受けるようになり，国家による公教育制度は一通り完成したが，なお，児童労働問題など教育環境や教育方法，教育内容の課題は残り，これらの課題や，完成した公教育制度の問題が，19～20 世紀転換期以後の改革へとつながっていった。

参考文献

今井康雄編『教育思想史』有斐閣，2009 年
長尾十三二『西洋教育史』東京大学出版会，1978 年
シュプランガー著，長尾十三二監訳『ドイツ教育史』明治図書，1977 年
H. E. テノルト著，小笠原道雄・坂越正樹監訳『教育における「近代」問題』玉川大学出版部，1998 年
教育思想史学会編『教育思想事典』勁草書房，2000 年

4　アメリカ公教育制度の成立と教育思想

1　学校系統のヨーロッパ型とアメリカ型

　戦前の教育学者阿部重孝は，20世紀初頭の学校系統をヨーロッパ型とアメリカ型という二つに分類した（阿部重孝，1983b）。今日では一般に，前者を複線型，後者を単線型と呼んでいる。ヨーロッパ型では，庶民を対象とする初等学校とエリートを対象とする中等学校および大学とが，相互の連絡なしに併存しており，一般庶民は初等学校を修了しても，ほとんどの場合中等学校へは進学できず，そのまま職業に就いた。たとえば，イギリスでは，基礎学校に通うのは下層階級の人々であり，彼らが中等教育機関であるグラマー・スクールやパブリック・スクールで学ぶ道は，事実上閉ざされていた。これに対して，アメリカ型では，初等学校の上には中等学校が，その上には高等教育機関が接続しており，小学校を修了すれば誰でもハイスクールに進学でき，さらにハイスクールを修了すれば大学に進学する道も大きく開かれていた。

　二つの型のちがいは，教育内容にも反映していた。ちがいが最も明確に現れている中等学校についてみてみると，ヨーロッパ型の場合，教育内容はエリートを養成するために必要な教養，たとえばギリシャ語やラテン語などの古典語が重視された。これらは大学に入学するための基礎的な教養であった。いっぽう，アメリカ型の場合，中等学校は一般に広く開放されていたから，その教育内容は，大学進学を予定している人にも，職業に就くことを予定している人にも応ずるものでなければならなかった。したがって，アメリカのハイスクールの教育内容は，大学進学に必要な教養も，就職に必要な職業教育も，どちらも含むことになった。こうすることで，できるだけ多くの人の要求に応じようとしたのである。

　このように，学校の接続，教育対象および教育内容からみて，アメリカ型は学校を広く庶民に開放していることが特徴であった。阿部はこの点に着目し，日本の学校制度は民主主義的なアメリカ型にすべきであると戦前から主張していたのである。

表 2-1　中等教育機関のヨーロッパ型とアメリカ型

	教育の内容	教育対象	接続
ヨーロッパ型	教養	エリート	大学への準備
アメリカ型	教養＋職業教育	庶民	初等学校に接続

　阿部は戦後日本の教育改革をみることなく亡くなったが，彼の構想した学校系統は，戦後日本の単線型学校系統である6・3・3・4制として実現した。現代日本では，アメリカ型を基本としながらも，従来型の6・3制と並立するかたちで，中高一貫の中等教育学校が出現し，小中一貫の義務教育学校の設置も可能になるなど，部分的な修正の動きもある。本節では，アメリカ型学校系統の成り立ちとその意義を改めて確認する。それが，現代における教育改革を客観的にとらえる視点になると思われるからである。

2　建国期の教育思想

　植民地時代のアメリカでは，ヨーロッパ型の学校制度が移入された。マサチューセッツ植民地を中心に述べると，1635年に，ボストンにラテン・グラマー・スクールが設立された。これは，その校名が示すとおり，古典語の学習を目的としたエリート養成のための教育機関であった。翌1636年には聖職者を養成するためにハーバード大学も設立された。その後，17世紀末までにマサチューセッツ植民地で約30校のラテン・グラマー・スクールが設立された。これらはエリートのための学校であった。その一方で，同植民地では，1642年に義務教育法が制定され，両親や徒弟の親方には，子どもが宗教の原理と国法を理解できるように教育する義務が定められ，1647年には50世帯以上の町は読み書きの教師を雇うことを規定する法律が制定された。これらは庶民を対象とした教育であった。このように，同植民地ではエリート向けの学校と庶民向けの教育とが併存しており，ヨーロッパ型の学校系統となっていた。

　自由と平等を求めたアメリカ植民地は，1783年にイギリスからの独立を達成し，1787年には憲法を制定して，アメリカ合衆国が成立した。新しい共和

国は人民の政治参加を前提にした民主主義をめざしていたから，人民は無知蒙昧であってはならず，知性を備えていなければならなかった。ここに，学校教育制度の整備が共和国の課題となった。

　独立革命を経験した人々は，さまざまな教育論を展開した。独立宣言を起草したトマス・ジェファソン（Jefferson, Thomas 1743-1826）は，1779年にヴァージニア州議会に，「知識の一般的普及に関する法案」を提出した。それは，暴政を防ぐためには民衆一般の知性をできるだけ啓蒙することが重要であることを指摘したうえで，同朋の自由と人権を保護する任務を託するに足る人物は公費で教育されるべきであり，奨学金制度による人材開発や単線型の学校系統の創設をめざしていた。彼の構想は実現しなかったが，出自よりも能力を重視したことは，独立当時の教育改革の方向性を示すものであった。やや遅れて，医師でもあり哲学者でもあったベンジャミン・ラッシュ（Rush Benjamin, 1745-1813）は，『ペンシルヴァニアにおける公立学校の設立と知識普及のための計画，および共和国にふさわしい教育のあり方に関する考察』（1786）を起草した。それは，共和国のナショナリズム形成が教育の目的であるとして，すべての国民に共通の学校制度を創設して国民としての一体意識を生み出し，共和国への同化を促すことを主張していた。また，辞書の編集でのちに有名になったノア・ウェブスター（Webster, Noah 1758-1843）は，「アメリカ青少年の教育について」（1790）を雑誌『アメリカン・マガジン』に連載して，アメリカがヨーロッパから文化的に独立するために，学校と新聞による知識の普及が重要と説いた。また，彼は学校での教材として『アメリカン・スペリング・ブック』（1783）を著し，祖国の歴史，法律に対する服従，道徳的義務などを，子どもに学習させようとした。この書はその後約1世紀にわたって，小学校の教科書として，広くアメリカで使用された。

　このようなさまざまな教育論があったが，それらに共通するのは，異質な人々をアメリカ人へと形成し，アメリカ合衆国の統一性を確保するための手段として，学校教育制度が構想されたということであった。そのためには，複線型よりも単線型のほうが，都合がよかったのである。

3　19世紀前半の社会状況―コモン・スクール運動の背景

　1812〜14年の米英戦争を経て，1820〜30年代になると，アメリカ合衆国はヨーロッパから経済的にも独立を遂げつつあった。農業国であったアメリカにも，次第に工業が発達しはじめ，各地に都市が出現した。人口2500人以上の町は，1810年には46にすぎなかったが，1850年には236に増えていた（合衆国商務省,1986）。都市人口の増大は国内の各地からの人口移動にとどまらず，海外からの多くの移民も含んでいた。

　都市は犯罪，失業，貧困などのさまざまな社会問題を引き起こしていた。そこで，これらの問題に対処するための方法として，社会の安定性と統一性を確保するための公教育制度の必要性を説く人々が現れた。最も有名なのはマサチューセッツ州の初代教育長を務めたホーレス・マン（Mann, Horace 1796-1859）と，コネチカット州の初代教育長で，のちに合衆国初代教育局長官になったヘンリー・バーナード（Barnard, Henry 1811-1900）であった。彼らは，1830〜50年代にかけて，無償で，非宗派的な学校教育を広くすべての民衆に開放しようとするコモン・スクール運動を主導した。コモンとは，「共通」という意味だが，「どこにでもあって，階層の区別なく誰でも通える」ということを含んでいた。

　教育方法や教育内容はコモン・スクールにふさわしく変革されなければならなかった。教育内容や教育方法を改革しない限り，学校教育を多数の人に開放することは不可能であったからである。

4　コモン・スクール運動の展開

　合衆国憲法には，教育についてはなんの定めもない。このことは，教育は各州が取り組むべき課題であることを意味している。したがって，学校教育の制度や組織は，州ごとに多様である。だが，コモン・スクールの設立をめざした運動は，おおむねいくつかの共通点をもっていた。

　第一に，宗教と教育との分離であった。アメリカでは植民地時代から，教会が学校教育を統制していた。建国後もしばらくの間，学校教育に対する教会の

関与は避けがたく，州は教会が青年を教育することを当てにして，教会に土地や金を寄付することすらあった。牧師は教師と学校の授業を審査した。しかし，1830年代になると，産業の発達や都市の出現，移民の流入などを背景として，公立学校の目的は，共通の価値観や教養の教育を通じて，アメリカ国民を形成することであると考えられるようになった。その結果，多種多様な宗教と宗派の混在するアメリカ社会では，特定の宗教や宗派の教育を公立学校で行うことは不可能であり，教育の世俗化が要請された。マサチューセッツ州では初代の教育長ホーレス・マンが，1837年に公立学校で聖書を教える必要がないことを宣言した。1842年にはニューヨーク州が，特定の宗派に属する教義を教える学校への補助金を禁止した。1858年以後に連邦に加入した州では，憲法で教育と宗教との分離が規定された。

　第二に，学校を税金で維持することであった。建国初期には，公立学校の財源は，連邦からの国有地下付，地方税，授業料など，さまざまであったが，1820年ころから，州の補助金を受ける地方公共団体は学校教育のための地方税を徴収しなければならなくなった。さらに州によっては，州援助を受ける必要条件として，一定期間（通常は3カ月）以上開校すること，教科書や学用品を無償で支給すること，暖房設備をもっていることなどを要求することも一般化していった。税金によって維持される学校では次第に授業料も廃止されていき，学校の門戸は広く開放されることになった。

　第三に，学校を監督する役人の出現である。州からの援助は同時に州による教育の統制と分かちがたく結びついていた。1812年にニューヨーク州でアメリカ最初の州教育長官が設置され，1825年にイリノイ州，1826年にメリーランド州などが続いた。画期的だったのは，1837年にマサチューセッツ州に州教育委員会が創設されたことであった。州教育委員会は教育長を選び，教育長が教育の実態を調査して，委員会を通じて州議会に教育施策の勧告をすることができたのである。この教育長に就任したのが，「アメリカ公立学校制度の父」と呼ばれるホーレス・マンであった。1839年にはコネチカット州でヘンリー・バーナードがマサチューセッツ州に倣って，州公立学校委員会を創設し，自ら

初代の教育長に選ばれた。バーナードは1843年にはロード・アイランド州の教育長に転任し、さらに1867年には合衆国初代の教育局長官に就任した。マンやバーナードの影響を受け、19世紀の半ばには北部の諸州に指導者が現れ、州ごとの学校制度が形成されていった。

5　コモン・スクールの社会的機能

　公立学校制度が果たした社会的な機能は多面的であった。第一に、コモン・スクールは都市の犯罪と貧困への対策であった。とくに経済的に貧しい人々は犯罪の予備軍と見なされていた。当時の教育改革者の多くは、彼らを教育することによって、犯罪を減らすことが可能と考えた。マンは露骨にも、「学校をひとつつくれば刑務所をひとつ減らすことができる」と資本家を説得し、学校への資金提供を求めた。

　第二には、文化的異質性への対処であった。1830年代から増えつつあった移民は、アメリカに先に住みついていたWASP (White, Anglo-Saxon, Protestant) とは異質の文化をもっていた。WASPにとって、かれらは道徳的な欠陥をもつようにみえた。そこで、移民の子どもにWASP文化を教えることが必要であった。学校は文化的標準化の機能をもたされたのである。アメリカの小学校の教科書としてよく使用された『アメリカン・スペリング・ブック』や『マクガフィー読本』には、WASPの価値観が明確に現れていた。

　第三には、コモン・スクールは、都市産業労働者としての規律を教える場所であった。子どもは学校で数年間学んだのち、多くは工場労働者として働く。労働者として必要な資質は、時間や規律を守ることであり、機械の動きに合わせて生活のリズムをつくることであった。教師に対して従順であることや、決められた時間割を守ることの大切さを子どもたちは学校で教えられたのである。

　第四には、学校が町の浮浪者を収容する場所としての機能をもっていたことも見逃すことができない。産業の発達とともに徒弟制度が崩壊すると、働き場所をなくした青年は浮浪者として都市に集まっていた。学校は彼らを収容するにも格好の場所であった。

公教育制度はこのようなさまざまな機能をもって，出現したのである。

6　学校教育の整備

　コモン・スクールが普及する過程で，学校教育の実践も次第に整備されていった。19世紀はじめまで，学校は不衛生で，換気が悪く，授業は詰め込みであった。それに対して，コモン・スクールの普及を指導していた人々は，教授の能率をあげるためにも，また，生徒に規律を教え，授業に集中させるためにも，換気や採光，教室の配置，椅子や机などを，計画的に整備しようとした。たとえば，バーナードは，『学校建築』(1848)を著して，校舎や教室内のインテリアのあり方までを具体的に示した。彼の提示したプランは，教育的に整備された校舎モデルとして，19世紀後半に広く参照された。

　能率よい授業をするために，教授法にも工夫が加えられた。1806年にニューヨーク市で導入された助教法(ベル＝ランカスター法)は，一人の教師がひとまとまりの教育内容を年長のモニター(助教)に教え，そのモニターが教師の代わりに年少のグループに教えるという方法であった。この方法によると，一人の教師が多数の生徒の教育にあたることができたので，19世紀の初めに都市部ではかなり普及した。しかし，モニターは自分が教師から学んだことをそのままほかの生徒に伝達することはできても，多様な生徒の進度を理解したり，教授法を工夫したりすることはできなかった。また，教師としての権威がなく，学級の秩序の維持もできなかった。

　1830年代になると，助教法に代わってグレイド制が導入され，19世紀半ばに急速に普及した。そのころ，グレイドは学校の段階を示していた。最も基礎的な3R's(読み・書き・計算)を学習する段階と，それに続いて，やや高度な内容を学習する段階のちがいであった。現在の用語なら初等学校の段階と中等学校の段階に相当する。この段階に応じて，校舎を一階と二階に分けた例もある。その後，難易度に応じて段階づけられた教材が作成され，どの段階の教材を学習しているかによって，生徒の進度を段階づける方法が，グレイド制(等級制)として一般化した。厳格な等級制を導入した最初の学校は，1847年のボスト

ンのクインシー・グラマー・スクールであった。ちなみに，明治初期の日本の小学校に導入された等級制は，この時期のアメリカの実践を模倣したものであった。

　教育方法や教育内容の整備が進むにつれて，教育に関する専門的な知識と技術が必要になり，公立の教員養成学校（師範学校）が各州に出現した。1839年に，ジェイムズ・カーター（Carter, James Gordon 1795-1849）やマンの努力により，マサチューセッツ州で設立されたものが最初であった。その後，南北戦争までに，八つの州で12校の師範学校が設立された。これらの学校を通して，新しい教育方法が全国に広がっていった。なかでも，エドワード・シェルドン（Sheldon, Edward A. 1823-1897）が校長を務めたニューヨーク州立オスウェーゴー師範学校（Oswego State Normal School）は，ペスタロッチ主義を全国に普及させる中心になった。この学校には1875（明治8）年に文部省の派遣留学生高嶺秀夫が留学した。彼は1878年に帰国後，東京師範学校に勤務し，のちにはその校長に就任して，日本にペスタロッチ主義（日本では開発主義と呼ばれた）を普及させる中心的な役割を果たした。

　コモン・スクール運動を経て，全米最初の義務就学法が，1852年にマサチューセッツ州で制定された。その後，1870年代から1900年の間に，義務就学法を制定する州が次々に現れた。法律の制定が直ちに就学率の上昇をもたらしたわけではないが，学校教育の必要性は広く認められつつあった。また，多数の生徒を対象に，できるだけ能率よく授業をするために，学年と学級を定め，一人の教師が多数の生徒に，同一の教材を教授する一斉授業の形式が，1870年代には，アメリカのほとんどの都市部の学校では普通になっていた。この時期のアメリカの学校で実践されていた授業の形態は，明治10年代に高嶺らによって日本に紹介され，学級教授法として普及した。

7　公教育制度の中等学校への拡張―カラマズー裁判

　19世紀後半になると，公教育制度は中等学校にまで拡張していった。中等学校に相当するものは，植民地時代にはラテン・グラマー・スクールであった

が，これは，一部のエリートのみを対象としたものであり，一般には普及しなかった。それに代わって，もっと実用的な内容を，一般の市民を対象に教授しようとしたのはアカデミーであった。1749 年にベンジャミン・フランクリン（Franklin, Benjamin 1706-1790）が設立したアカデミーは，教育内容として教養科目だけでなく，実用的な職業科目も含んでおり，エリートだけでなく，勃興しつつあった新しい市民の要求に応ずるものであった。アカデミーは，初等教育の上に接続し，同時に，高等教育への準備にもなったので，19 世紀初期には代表的な中等教育機関になった。しかし，アカデミーは私立であり，有料であって，公立学校体系からはみ出していた。

アカデミーに代わって，1830 年代から急速に普及したのが，公立ハイスクールであった。1821 年にボストンに設置されたイングリッシュ・クラシカル・スクールが最初であり，その後，各地に設立された。公立ハイスクールは，一般の庶民が必要とする実用的な教育内容を教え，かつ原則として無償であり，19 世紀半ばには，数のうえで，アカデミーに並ぶほどになっていた。

1872 年にミシガン州カラマズー（Kalamazoo, Michigan）で起こった事件は，その後のハイスクールの発展を予言するものであった。当時，ミシガン州ではコモン・スクールは無償であることが州憲法で規定されていた。しかし，ハイスクールに進学するものは数パーセントにすぎず，誰もが通うコモン・スクールとはいえないので無償にすべきではない，という訴えが起こされたのである。これに対して，1874 年，州最高裁判所はハイスクールがコモン・スクールであることを判決で認めた。このあと，公立で無償のハイスクールが急速に全国に広がっていったのである。

参考文献
阿部重孝『欧米学校教育発達史』（『阿部重孝著作集』第七巻，日本図書センター，1983 年 a）
阿部重孝『教育制度論・教育財政論』（同上，第五巻所収，1983 年 b）
ジェファーソン他／真野宮雄・津布楽喜代治訳『アメリカ独立期教育論』明治図書，1971 年

ホレース・マン／久保義三訳『民衆教育論』明治図書，1960 年
M. B. カッツ／藤田英典他訳『階級・官僚制と学校：アメリカ教育社会史入門』有信堂，1989 年
田中智志編著『ペダゴジーの誕生―アメリカにおける教育の言説とテクノロジー―』多賀出版，1999 年
北野秋男『アメリカ公教育思想形成の史的研究―ボストンにおける公教育普及と教育統治―』風間書房，2003 年
合衆国商務省編／斎藤・鳥居監訳『アメリカ歴史統計』原書房，1986 年

5 ロシア公教育制度の成立と教育思想

1 帝政ロシアにおける公教育の制度化

　ロシア帝国では，「ピョートル大帝」として知られるピョートル1世（在位1682-1725）による近代化政策の一貫として，従来は正教会が一手に引き受けていた教育を専制君主がコントロールするようになった。ピョートル1世は，欧化政策を徹底させ，多くの外国人専門家を招くと同時に，若い貴族を留学生として西欧に派遣し，科学・技術を学ばせることによりロシアの軍事力の増強を図った。1701年までにモスクワに砲兵学校，数学航海術学校および外国語学校を創設し，外国人教員による中等レベルの職業教育を実施した。また科学アカデミーと附属大学ならびに附属ギムナジアも創設したが，官吏，砲兵や職工の子弟に対する初等教育の制度化には至らなかった。

　教育の近代化は，啓蒙思想の影響を受けたエカチェリーナ2世（在位1762-96）の時代に生じた。エカチェリーナ2世は，1786年に国民学校設立委員会が作成した「ロシア帝国国民学校令」を承認し，オーストリアをモデルとして母語による教育を施す「中央国民学校」と「小国民学校」をロシア全土に普及させようとした。だが，1800年までに開設した国民学校は315校で，約2万人（人口1750人に1人の割合）の子どもが在籍していたにすぎなかった。

　アレクサンドル1世（在位1801-25）が即位すると，教育を重視しているほかの西欧諸国の例にならい，ロシアの発展を促進するために，教育制度全般の改革がおこなわれた。アレクサンドル1世は1802年には「国民教育省」を設立し，1804年には国民教育の制度全般を構想する学校令「大学管下の諸教育機関に関する規程」を制定した。これは，ロシア帝国内を六つの大学区に分け，各大学区に1校ずつ大学を設け，その管轄下に教区学校，郡学校，中学校（セミナリア）を設けるという構想であった。1792年のフランスのコンドルセによる国民教育計画をモデルとしたこの制度では，あらゆる身分の子どもが無償で1年制の教区学校で宗教と読書算を学び，修了後は郡学校に進学する機会が開かれた。

1809年には教育法が発効し，上級官僚に商業，統計，政治経済，テクノロジー，哲学等の進歩的な教育課程の履修を要件とするより高い資格の取得が義務づけられた。しかしながら，ロシアが1812年のナポレオン1世との戦争に勝利すると，パリに進駐した兵士のなかには，ロシアの後進性に気づきフランスの自由思想や文化に影響を受けて帰国する者も多かった。アレクサンドル1世はこうした傾向に危機感を抱き，教育改革を推進せずに，教育省を宗務省と統合し，教育課程も旧来の古典，数学と外国語を重視するものに戻す反動的な教育政策を導入した。上級官僚の資格要件や4段階の学校体系も廃止され，身分制に対応した学校制度がつくられ，授業料を有償とすることにより，身分の低い者が地位を超えて上昇することができないようにした。

この間，貴族の子弟は，家庭教師やリセの外国人教師から最新の西欧の啓蒙主義の思想やリベラルで人道主義的な価値観を学び，理想とかけ離れたロシアの現実に疑問を抱くようになる。貴族の子弟のみが進学できるようにしたギムナジアと大学も革命的思想を育む場となった。アレクサンドル1世没後の1825年12月，専制下の社会体制の不合理と農奴制の非人間性に反発する秘密結社デカブリスト（12月党員）による叛乱が起こった。これを目の当たりにしたニコライ1世（在位1825-55）は，外国への進出よりも国内の安定と国防の強化を重視し，身分制の原則を徹底する反動的政策をとった。また，西欧の急速な近代化と改革に反対し，「正教，専制と国民性」をスローガンとしてロシアの歴史の独自路線を主張するセルゲイ・ウバロフを1833〜1849年まで教育大臣に就任させることにより，教育が政治の道具となっていった。

1848年のヨーロッパ諸国の革命（二月革命）はニコライ1世の危機感を募らせ，さらなる反動的政策が導入された。中等教育からは，破壊分子，共和制主義者や無神論者を育む可能性のある人文科学と古典が廃止され，貴族の子弟はギムナジア修了後，反体制派の温床となった大学を素通りし，すぐに兵役につくこととされた。教員は教育内容の概要を政府に提出して，正教会の教えに反する内容が含まれていないことの承認を受けなければならなくなった。

このようななか，国家による統制された教育に飽き足らない大学生が個人的

な関心のもとにさまざまな学習サークルを結成し，論文集やパンフレットを刊行するようになった。これが，ロシアの知識階層「インテリゲンツィア」の発祥である。たとえばモスクワ大学からは，ベリンスキー，ゲルツェンといった革命的民主主義者が輩出された。思想家と並んでプーシキン，ゴーゴリ，ツルゲーネフ，レールモントフといった作家もこの時代に活躍し，文学作品だけでなく教育問題や社会問題に関する論考を発表し，社会の変革に積極的にかかわった。スラブ主義と西欧主義の二大思潮が形成されたのもこの頃である。

1860～70年代には，無神論を唱え農奴制に反対する「ニヒリスト」と呼ばれる知識人らが，「ヴ・ナロード（人民の中へ）」をスローガンとする「ナロードニキ」となり，医師や教師として農村へ入り込む運動が生じた。「下から打倒されるのを待つよりは，上から改革した方がよい」と考えたアレクサンドル2世（在位1855-81）は，1861年に「農奴解放令」を公布したが，農民の不満を抑えることはできず，革命的運動はますます盛んになっていった。

アレクサンドル2世は，ロシアの後進性が露呈したクリミア戦争（1853-56）の最中に帝位についたこともあり，ロシアの科学技術の向上と国力増強のため大学の定員を拡大するなどの教育改革にも取り組んだ。女子教育も推進し，1860年代には6年制の女学校が開設された。大学自治の導入を求める学生運動への対応として，1863年には「大学令」で学問の自由と大学自治を認めた。1864年には「初等国民学校規程」および「ギムナジアおよびプロギムナジア規程」によって無償の基礎的公教育を保障した。中等学校は，古典を学ぶ富裕層のための伝統的「ギムナジア」と，最新の科学や外国語の教育を中心とする中間層の子弟のための「実科学校」に分化させ，身分制的学校制度から階級制的学校制度への転換を図った。だが，このような進歩主義的教育改革は，1866年のニヒリストの青年によるアレクサンドル2世の暗殺未遂事件により再び後退する。

ロシアの公教育制度はこうして紆余曲折しながらも量的に拡大していく。そして，日露戦争（1904-05）の敗北と1905年の革命を契機として帝政時代最後の発展を遂げ，科学の一分野としての教育学が成立する。

2 トルストイとウシンスキーの教育思想

19世紀ロシアを代表する教育思想家として,文豪レフ・トルストイ(Л. Н. Толстой 1828-1910)と教育学者コンスタンチン・ウシンスキー(К. Д. Ушинский 1824-1871)をあげることができる。

文豪トルストイは,『戦争と平和』『復活』をはじめとするロシア社会の現実を描いた多数の小説や,道徳・宗教・人生哲学を論じた随筆や論文などを通してロシア国民を啓発した。またトゥーラ近郊にある「ヤースナヤ・ポリャーナ」と呼ばれる自らの領地に農民の子どものための学校を開設し,その教育に直接たずさわるなかで教育についての思索を深め,教科書や教育論文を執筆した。

トルストイは青年時代にルソー全集を読破し,『エミール』などから強い影響を受け,1859年秋に農民の子どもたちのために「ヤースナヤ・ポリャーナ学校」を開設した。また,自らの教育理論や教授法を広く世に知らせるために,1862年から『ヤースナヤ・ポリャーナ』と題する雑誌を自費出版し,ほかの教師とともに教育論文を発表した。トルストイは,ドイツ,フランス,スイス,イタリア,イギリスの幼稚園,初等学校,職業学校,大学などを視察に行き,ディースターヴェークなどの著名な教育者とも会見している。トルストイは国が統制・官吏する公教育には反対で,学校における形式主義,暗誦主義,体罰など子どもへの強制を否定し,「教育の唯一の基準は自由であり,唯一の方法は経験である」とする独自の児童中心主義的教育論を展開した。また,1970年代には『初等読本(アズブカ)』のシリーズを刊行し,ロシア語の読み書き指導法の研究をはじめ子どものための読み物の創作など読本づくりに力を注ぎ,教育実践面でのロシアの初等教育の発展に重要な貢献をした。

ウシンスキーは,トゥーラで生まれ,1844年にモスクワ国立大学法学部を卒業した。教育学の理論に関心をもつようになったのは,1854年からガッチンスキー孤児学院の文学と法律学の教師になってからのことだった。1855年には同学院の督学官となり,学院の教育改革に取り組み,留年する生徒を激減させることに成功した。学院での教育研究の成果を教育雑誌にも発表するようになり,次第に世の注目を集めるようになったウシンスキーは,1859年にペ

テルブルグの貴族・高官の子女のための全寮制の女学校であるスモーリヌイ学院の督学官に任命され，同学院の教授法の改革に取り組んだ。1860～61 年には『国民教育省雑誌』の編集者に任命され，この雑誌の編集内容を刷新し，自らの教育実践に基づく思索をもとに執筆した「労働，その精神的・教育的意義」や「母語」などの重要な論文を同誌に発表した。労働は人間存在の基礎であり，「人間は，まさに労働のなかに生活も，かれに値する唯一の幸福も見いだす」として労働の意義を強調した論文は，スモーリヌイ学院を支配していた古いフランス宮廷的精神や人間観の変革をめざす彼が痛切にその必要を感じ，改革の基礎におかねばならないと考えていた教育思想を述べたものだった。また，母語が子どもの精神発達において果たす重要な役割を明らかにし，直観教授により現実と結びつけた母語の学習があらゆる教育活動の基礎におかれねばならぬことを論じた。このほか『子どもの世界』『母語』といったすぐれた国語教科書を編纂し，ロシアの初等教育における読み書きの合理的・科学的教育方法を提示した。

　だが，1862 年にはウシンスキーの改革に抵抗するスモーリヌイ学院の保守層や国民教育省と対立し，学院を事実上追放され，1862～67 年までの 5 年間，西欧諸国の教育を視察して回ることになった。スイス，ドイツ，フランス，ベルギー，イタリアの学校を訪問し，アメリカについても文献を通して多くを学んだウシンスキーは，教育制度改革のための国際比較研究もおこなった。西欧からの帰国後に執筆した『教育の対象としての人間――教育的人間学試論』は，彼の教育研究の集大成であり，教育学およびその基礎となる諸科学（哲学，心理学，生理学など）に関する彼の学説が最も体系的に叙述されている。

参考文献
宮坂琇子編『柴田義松教育著作集 2　教育的人間学』学文社，2010 年
竹田正直『教育改革と子どもの全面発達』ナウカ，1987 年
ウシンスキー／柴田義松訳『教育的人間学 1・2』明治図書，1960 年

6 中国の公教育制度の成立と教育思想

　中国の公教育制度が成立したのは，いつであろうか。諸説あるなかで，清朝末期であるとする見方があげられる。1902年に欽定学堂章程が公布され，翌々1904年には奏定学堂章程が公布された。前者は「壬寅学制」と称され，後者は「癸卯学制」と称される。「壬寅学制」は実施に至らなかったが，「癸卯学制」は実施に移された。実施に移された「癸卯学制」を，中国で最初の近代的な学校制度であるととらえる場合がある。このとらえ方に基づき，中国の公教育制度の成立時とみる場合がある。

　また，1978年の改革開放以降であるとする見方もあげることができる。1986年に「中華人民共和国義務教育法」により義務教育が法制化された。その後まだ完全ではないものの，たとえば，1993年の時点で小学校の入学率は97.7％で，同じく在学率は96.9％，いっぽうで中学校の進学率は翌1994年の時点で86.6％といった数値がみられる。義務教育の普及程度に基づき，その成立時をみようとする場合もある。

　中国の公教育制度の成立時を確定するのは，まだむずかしいと思われる。本節では，中国における公教育制度の導入・展開の過程を述べる。

1　教会学校の普及

　キリスト教宣教師の目的は，布教である。布教するために，中国各地に学校が設立されていった。いわゆる，教会学校である。1807年に中国に来たイギリスの宣教師モリソン（Robert Morrison）が，1818年にマラッカに開いた英華学校が最初である。アヘン戦争で敗れ，1842年に南京条約が締結されると，中国に宣教師が大量に入ってくるようになった。メアリー・アルターシー（Marry Ann Aldersey）が寧波に開いた女子学校や，アメリカ長老会が1845年に同じく寧波に設立した学塾などは，早々と教育を開始した学校である。

　1877年と1890年に上海で開かれた「在華キリスト教宣教師大会」の報告によると，1876年は教会学校の児童・生徒総数が5975人と報告されたのに対し，

1889年には1万6836人に達していた。13年間で教会学校の児童・生徒総数は3倍近く増加していたことがわかる。また，1876年の教会学校の学校総数は350校であったが，その30年後の1906年には，5万7683校に達したといわれている（舒，1961）。

教会学校の急増は，ヨーロッパの近代的な学校制度や教育内容をもたらすことになったし，女子に近代的な教育を提供することにもなった。

2　洋務派による学校の開設・留学生派遣

中国の経済，軍事，文化，教育は，ヨーロッパの近代化に遅れていると次第に認識されるようになった。「自強求富」が主張されるようになり，そのため，「中体西用（＝中国の学問を体とし，西洋の学問を用とする）」が提案された。外国のすぐれた技術を学んで，これにより外国を制するというのである。洋務派が，学校を開いていった。

一つは外国語学堂である。京師同文館，上海同文館，広東同文館などがあり，主に翻訳者が養成された。つぎに，軍事学堂である。天津水師学堂，天津武備学堂，湖北武備学堂などがあり，軍人・軍事技術者が養成された。最後に船舶や機械，あるいは電気通信など技術者養成にあたる，いわば技術学校である福州船政学堂，上海電報学堂などがあった。

また，洋務派は，西洋の学問を学ぶためには，外国で見聞し，実際に観察して初めて効果が得られるとも考えていた。彼らは，選派幼童赴美肄業辦理章程を定めた。毎年，子どもを30人選抜し，アメリカの各校に就学させることが計画された。1872年に最初の留学生がアメリカに渡った。

3　科挙の廃止

日清戦争後，状況が一変した。対日敗戦の衝撃は，単に外国のすぐれた技術を学んでも「自強求富」には及ばないことに気づかされた。政治制度を変えることが求められた。変法自強運動である。

運動の代表的な人物である梁啓超（1873-1929）は，「亡か存か，廃か挙か，愚

か智か，弱か強か，筋道はさまざまだが，すべて元は学校にある」と述べた。また，「変法の根本は人材を育てることにあり，人材を盛んにするには学校を開くことであり，学校を創設することは科挙制度を変えることである」と指摘した。さらに，梁啓超や，同じく運動の代表的な人物である康有為（1858-1927）らは，1895年に対日敗戦で屈辱的な講和条約を強いられた状況を背景に，講和拒否・遷都・変法の3項目からなる上書を提出した。公車上書である。この上書でも，時代がすすむにつれて次第に「八股文」に象徴されるような形式主義に陥った科挙の弊害と，新たに学校を開設することの必要性が訴えられた。

科挙は，隋王朝以来1300年あまり続いた官僚登用試験である。清代には，一部賤業を除く男子一般に門戸が開かれるようになった。いっぽうで，制度はより複雑化し，受験生は合格のために長期の受験生活を強いられた。それでも合格して官僚になることができれば，戸籍が一般庶民とは別となったり税法上の特権が得られたりした。宗族（父系血縁集団）にとって，官僚を輩出できると，多大な利益がもたらされることになった。優秀な子弟を選んで科挙試験に合格させるための努力が宗族をあげてなされていたのである。

近代的な学校制度が導入される前，初学者への読み・書きを中心とした伝統的な教育機関には，家塾，族塾，義塾，門館などがあった。これら伝統的な教育機関は，清末から民国時期にかけて私塾と総称されることが多い。私塾は清末に増加し，近代的な学校を生み出す基盤となっていったことが指摘されている（新保，2008）。

変法自強運動の一環で救国の手段として近代的な教育の体系的な導入が求められ，詰まるところ1905年に科挙が廃止されたが，いっぽうで伝統的な教育機関を基盤として近代的な学校が普及したとみられる。

4 国民教育の推進—近代的な学校制度の導入—

科挙の廃止の前年，すなわち1904年に奏定学堂章程が公布された（通称，癸卯学制）。「癸卯学制」は，大学堂章程，高等学堂章程，中学堂章程，高等小学堂章程，初等小学堂章程，優級師範学堂章程，初級師範学堂章程，実業学堂章

程など19の章程からなった。

初等小学堂章程には，「初等小学は，全国人民を教成する所にして，もとより随地広設すべく，邑に不学の戸なく家に無学の童なからしめて始めて国民教育の実義に背くことなし，（後略）」とあった。初等小学堂の修業年限は5年であった。修身・読経講経・中国文字・算術・歴史・地理・格致・体操の8科目が必修科目に定められた。1学年あたり週30時間が基本で，このうち12時間が読経講経にあてられた。

中学堂章程では，中学堂の修業年限は5年と定められた。1899（明治32）年に改正された日本の「中学校令」を参考にしたとの指摘がある（佐藤・大林，2002）。また，文科・実科の両科を設置する分科制は採用されなかった。師範学堂や実業学堂からは独立していた。

近代的な学校制度を導入し，国民教育を推進しようとした。そのモデルは明治日本の教育にあった。いっぽうで読経講経に比較的多めの時間があてられたことは独自であったとみられる。ちなみに，各段階の学堂の卒業生には科挙合格者の称号を与えることにもなっていた。

5 日本留学

1896年，清朝政府は13名を日本留学に派遣した。1902年に日本への留学生は500名あまりとなり，1903年には1300名あまり，1905〜1906年には1万人あまりにのぼったとみられている（銭・金，1996）。自然科学や社会科学や軍事を学んだが，その多くは師範学校に学んだ。

学堂の開設に伴い，教育者の養成・輩出が急務となっていた。地理的に近い位置にあり，教育の近代化が先に進む日本の教育に学ぶことで，教育者の不足を補おうとしたのである。

6 6・3・3制導入以前の学校制度—「壬子・癸丑学制」—

1912年初頭，中華民国が成立した。南京に臨時政府が組織されたとき，中央教育行政を担った従前の学部は教育部に改められた。同年3月，大総統の地

位が孫文から袁世凱に譲り渡されることになった。中央政府は北京におかれた。教育部も北京に移転となった。

蔡元培（1868～1940）が初代の教育部総長に就任した。蔡元培は，科挙の合格者でもあったし，ドイツ留学の経験もあった。彼が発表した「教育方針に関する意見」では，新しい教育方針が示された。「軍国民教育，実利教育，道徳教育，美感教育，世界観教育」であった。清末の「忠君，尊孔，尚公，尚武，尚実」の教育理念を変えるものであった。彼は「忠君と民主共和政体は相容れない。尊孔と信教の自由は相反する」と指摘していた。

蔡元培は，1912年7月に各省の教育界の有力者を招集して臨時教育会議を開催した。この会議で新しい学制（通称，壬子学制）が提案され，同年9月に公布された。「壬子学制」では，学校系統図に加え，各学校の修業年限や入学資格が示されたり，小学校の4年間を義務教育とすることが明示されたりするくらいであった。これ以降1913年にかけて，小学校令や中学校令，あるいは師範学校令や実業学校令，さらには専門学校令や大学令など各種学校令が次々と公布された。中華民国成立後の学校制度は，さきの「壬子学制」にあとで公布された各種学校令を加えてみる必要がある。そ

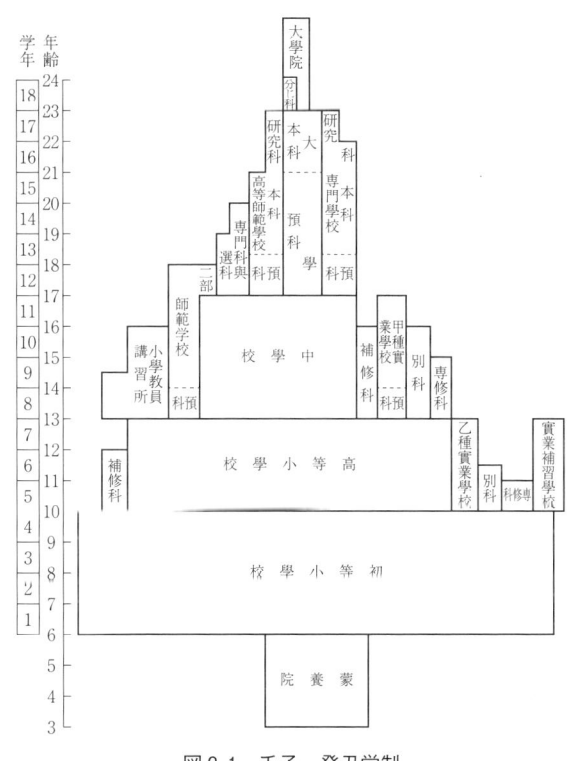

図2-1　壬子・癸丑学制

うしてみる学制が「壬子・癸丑学制」と通称される。

　図2-1は、「壬子・癸丑学制」の学校系統図である。小学校は4年制初等と3年制高等の2段階であった。実業学校は3年制の高等小学校と同程度の乙種と4年制の中学校と同程度の甲種の2段階であった。また，系統別でみると，大学や専門学校に接続する初等小学校から中学校までの普通教育の系統と初等小学校から接続する乙種実業学校や高等小学校から接続する甲種実業学校などの実業教育の系統があった。さらに，師範教育の系統があった。いっぽうで初等小学校は男女共学とされた。

7　アメリカ教育の伝播—アメリカ留学／ジョン・デューイの訪中—

　1915年以降，中国教育界の目は次第に欧米各国，とくにアメリカに向くようになった。1909年からの4年間では，毎年およそ100名の学生がアメリカ留学に派遣され，5年目からは少なくとも50名が派遣された。1911年に清華学堂が設立され，アメリカ留学の準備学校となった。増加したアメリカ留学帰国者が中国の政治，経済，文化，教育に重要な役割を果たしはじめたのである。

　また，デューイ（John Dewey, 1859-1952）の教育理論が中国教育界に大きな影響を及ぼしはじめた。胡適（1891-1962），陶行知（1891-1946）はコロンビア大学ティーチャーズ・カレッジの卒業生で，デューイの直弟子であった。デューイが訪中した際には，彼の通訳を担当した。デューイは，1919年5月～1921年7月までの2年2カ月滞在した。滞在中には多くの講演を行い，自らの哲学や教育思想を宣揚した。講演内容は，すぐに編集・出版されるほどであった。北京での講演が収められた『デューイの五大講演』，同じく南京の『デューイの三大講演』などであった。

8　6・3・3制を導入した学校制度—「壬戌学制」—

　アメリカ教育の伝播は，学制改革を促進することになった。学制改革を推進したのは，全国教育会連合会であった。全国教育会連合会は，1915年から毎年，各省に存在していた省教育会が結集して開催されていた。各省教育会で事

前に準備されたさまざまな提議を審議して議決した。当時，政局が不安定ななかで北京政府の実効支配地域が縮小していたが，全国教育会連合会が「教育立法機関」の機能を果たしたとみられている（今井，2010）。

新しい学制をつくろうとする動きは，1919年の第5回全国教育会連合会から始まった。1921年の第7回大会には12の各省教育会から学制改革に関する案が提出された。なかでも広東省教育会の案が比較的よくできていると判断され，この広東案をもとにした審議が進められた。広東案は，アメリカの6・3・3制を参考にしてつくられたものであった。

広東案では，まさに6年制の小学校が提案されていたが，審議の結果，4年制初級と2年制高級の2段階に区分することと初級小学の4年間を義務教育期間にすることが議決された。広東案の初等教育案に修正意見を提出したのは，袁希濤（1865-？）であったと考えられる。袁希濤は北京政府教育部に属したことがあり，普通教育司長，教育次長を歴任したいわば教育界の大物で，教育部を退いたあとは1年間ほど自国の教育を視察した。欧米諸国や日本の義務教育期間が延長されていることや自国には4年間を不足とする意見があることなどをふまえたうえで，それでも全国的な普及を優先させるべきであるとの考えから，延長論に基づいて示された「6年間」に異議を唱えたのである。

全国教育会連合会で学制改革が推進されるなか，北京政府教育部は1922年9月に学制会議を開き，教育部独自の原案を審議した。教育部原案は，旧学制に配慮するものであった。学制会議の決議は，さきの第7回大会の決議と対立するかたちとなった。この対立の調停に一役買ったのがデューイに学んだ胡適であった。胡適は，同年10月の第8回大会で，両者が対立したままでは新学制を生み出せないことを憂い，両決議をもとにして調停案を作成したのである。調停案が審議された結果，第8回大会の決議が教育部に上申され，同年11月に学校系統改革案（通称，壬戌学制）が公布された。

図2-2は，「壬戌学制」の学校系統図である。小学校は4・2制が採用されたが，地方の実情によっては4・3制も認められた。中学校は3・3制が原則とされたが，4・2制や2・4制も認められた。中学校と同程度には職業学校や師範

学校も定められ，学校系統は中等教育段階から3系統に分岐した。

9　南京国民政府期における初等教育の拡大

南京国民政府期に入り，「壬戌学制」では認められていた4・3制の小学校や4・2制および2・4制の中学校は，いずれも廃止された。1932年の小学法によると，初級小学は単独に設立できるとされた。また，同年には，中学法・職業学校法・師範学校法が公布され，中等教育段階は完全に3系統に分岐した。その後，日中戦争期に6年一貫制の中学校が認められたが，この南京国民政府期に，中等教育段階から3系統に分岐する6・3・3制を軸とした学校制度が確立したとみられる（今井，2010）。

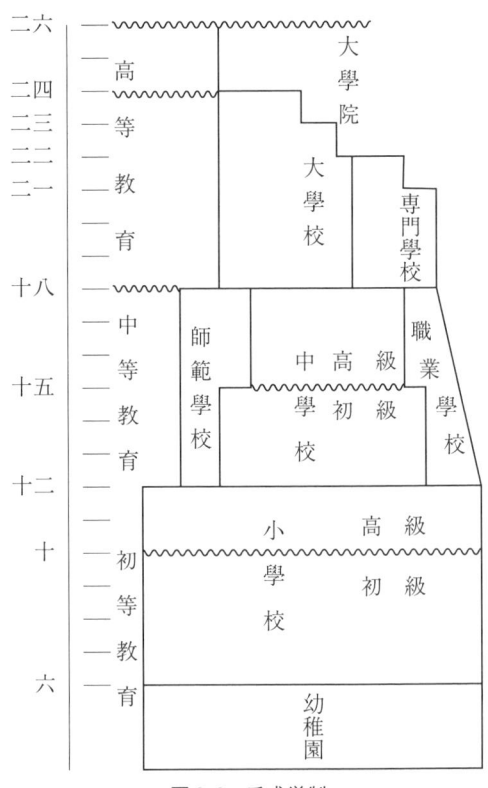

図2-2　壬戌学制

表2-2には，全国の初等・中等・高等教育の学校数・学生数・教職員数の推移が示されている。中華民国が成立してから1946年までの間が対象で，ほぼ10年ごとに量的推移がまとめられている。

初等教育児童数をみると，1912年度の279万5475人から1946年度の2381万3705人へと増加し，8.5倍になっている。しかも，最初の10年で2.4倍，次の10年でも1.9倍に増えている。南京国民政府の教育政策の推進と経済の回復により，公教育の急速な普及が展望されたが，日本の全面侵攻が始まった。

表 2-2 全国の初等・中等・高等教育の学校数・学生数・教職員数の推移

学年度	初等教育			中等教育			高等教育		
	学校数（校）	児童数（人）	教職員数（人）	学校数（校）	生徒数（人）	教職員数（人）	学校数（校）	児童数（人）	教員数（人）
1912	86,318	2,795,475		832	97,965		115	40,114	2,312
1922	177,751	6,601,802		1,096	182,804				
1932	263,432	12,223,066	567,840	3,043	547,207	61,322	103	42,710	6,709
1936	320,080	18,364,956	702,831	3,264	627,246	60,047	108	41,922	7,560
1942	258,283	17,721,103	669,616	3,187	1,001,734	75,393	132	64,097	9,421
1946	290,617	23,813,705		5,892	1,878,523	143,502	185	129,326	16,317

出所）中華民国教育部編『第一次中国教育年鑑』（上海：開明書店, 1934年）。同『第二次中国教育年鑑』南京：教育部, 1948年
なお, 本表は, 高田幸男「第6章 近代教育と社会変容」飯島渉・久保亨・村田雄二郎編『シリーズ20世紀中国史』第2巻所収, 東京大学出版会, 2009年, 139頁に掲載されている。
注）学年度は8月から翌年の7月まで

伸び率を中等教育や高等教育と比較すると, 抗日戦争前の南京国民政府が, とくに初等教育の普及に力を入れていたことがうかがえる。また, 1946年当時の中国は, 学齢児童数すらわからず, 就学率は50％前後と見積もられる状況であったが, 政情不安や財政難の困難な状況下で, 公教育は広く浸透しつつあったといえる（高田, 2009）。

参考文献
舒新城『中国近代教育史資料』3冊, 人民教育出版社, 1961年
銭曼倩・金林祥主編『中国近代学制比較研究』広東教育出版社, 1996年
佐藤尚了・大林正昭編『日中比較教育史』春風社, 2002年
新保敦子「公教育成立期における私塾への国家統制」『早稲田大学教育学部学術研究（教育・生涯教育学編）』第56号所収, 早稲田大学教育会, 2008年
顧明遠／大塚豊監訳『中国教育の文化的基盤』東信堂, 2009年
高田幸男「第6章 近代教育と社会変容」飯島渉・久保亨・村田雄二郎編『シリーズ20世紀中国史』第2巻所収, 東京大学出版会, 2009年
今井航『中国近代における六・三・三制の導入過程』九州大学出版会, 2010年

第3章 各国における教育改革運動の展開

1 アメリカ合衆国

1 19世紀末におけるアメリカ社会と学校教育

　19世紀末のアメリカ社会は急激な変化の途上にあった。1860～65年の南北戦争は国内産業にとって大きな痛手ではあったが，その後の全国規模の資本主義の発展を促す契機になり，アメリカ経済は，この戦争のあと半世紀の間に，未曾有の高度成長を遂げた。技術革新に加え，奴隷解放や移民の増加による豊富な労働力の供給，大陸横断鉄道の開通（1869年）に象徴される西部への市場拡大，さらには，海外市場への進出などを通じて，アメリカは本格的な資本主義の時代へと突入した。

　だが，経済の発展は都市への人口集中と社会問題を引き起こした。かつて青年の教育に大きな役割を果たしていた徒弟制や伝統的コミュニティーは崩壊した。金融資本と結びついた政治家の汚職はあとを断たず，貧富の差が拡大し，大都市にはスラム街が形成された。都市の治安は悪く，貧困や犯罪も少なくなかった。南欧，東欧から来た新移民の多くは労働者として都市に住みついたが，彼らは祖国の文化とアメリカの文化との軋轢をしばしば引き起こした。移民の割合は大都市では人口の3割にも及んでいた。

2 学校教育の新たな課題

　このような急激な社会の変化は，公立学校に新たな課題を突きつけた。第一に，学校は入学してくる生徒の多さと，その多様性に対応しなければならなかった。ニューヨークやシカゴなどの大都市は人口が急増し，子どもを収容する

教室が不足していた。そのうえ，あらたに流入した新移民の多くはカトリック教徒であり，英語を話さず，教室はいろいろな言語を話す子どもであふれていた。この事態に学級一斉授業ではとうてい対応できないことは明らかであった。事実，義務就学法が制定されたにもかかわらず，落第を繰り返し，中退する生徒は多かった。20世紀初頭でも，小学校に入学した生徒の3分の1しかハイスクールには進学せず，そのまた3分の1しかハイスクールを卒業しなかった。そこで，教育を個別化することが学校改革の課題の一つとなったのである。この課題に対して，生徒の進学の間隔を5〜10週間にして，能力に応じた学級編成をおこなう方法（セントルイス・プラン）や，能力の程度に応じて学習の速度を変える方法（ケンブリッジ・プラン），学級内に能力別の小集団をつくる方法（エリザベス・プラン），能力に応じて学習する分量を調節する方法（サンタバーバラ・プラン），生徒一人ひとりに教科別の個別学習を認める方法（プエブロ・プラン）など，さまざまな方法が開発された。

　第二に，多様な生徒の要求に応ずるためには，教育内容を生徒の生活と結びついたものにしなければならなかった。これまでのような3R's（読み，書き，計算）のみでは，産業の発達した社会では不十分であることは明白であった。また，心理学の分野では，ソーンダイク（Thorndike, Edward L. 1874-1949）の研究によって能力の転移説が否定され，その結果，教育内容は生活と結びついたものにすべきであるという主張が強くなった。とくに，急速に就学率が高まりつつあったハイスクールにおいては，生活と直接的な関連をもった職業教育が必要とされた。このような主張は，教育専門家の団体である全米教育協会（NEA）が結成した委員会の報告書のなかでしばしば打ち出された。なかでも，中等教育改造審議会が1918年に提出した『中等教育の根本原理』は，20世紀のアメリカの中等教育の性格を決定づけるものであった。それは，中等教育の7目標として，健康，3R's，職業教育，公民教育，よき家庭人，余暇の善用，倫理的性格をあげていた。これらはまさに生活に直結した内容であった。

　このような課題に最も積極的に取り組んだのは，19世紀末から各都市におかれるようになった教育長であった。彼らの多くは，師範学校で教育学や心理

学を学んで，教育に関する専門的な知見と経営の才能をもった専門家として，その地位を確立しつつあった。20世紀における教育改革は，教育長の主導のもとに進められるのである。

3　新教育運動のおこり

19世紀末までに欧米の先進国や日本などで成立した公教育制度は，教師が多数の生徒を対象に，同一の教育内容を一斉に教授することを前提にしていた。この方法は教師中心の教え込みであり，子どもの自発的な活動を許さず，子どもの個性や個人差に応ずることができなかった。また，既存の教科の内容を伝達するだけであり，急激に変化しつつある社会の要請に応じられないことも明らかであった。そこで，子どもの自発性や個性に応ずるとともに，社会の要請にも応ずるように，学校教育を改革していこうとする新教育運動が起こった。この運動は，子ども中心を標榜し，19世紀末から20世紀前半にかけて，世界各地の学校に波及した。その影響は日本では大正時代に著しく，大正自由教育と呼ばれている。

アメリカにおける新教育の先駆者は，パーカー（Parker, Francis W. 1837-1902）であった。彼は，1875～80年までマサチューセッツ州クインシーの教育長としてクインシー運動を推進し，1883～99年までイリノイ州のクック・カウンティ師範学校の校長を務めた。パーカーは子どものなかに神性を認め，その現れとしての自発活動を教育の中心に据えた。地理を中心としていろいろな内容を関連づけた中心統合法を開発し，教材としては，子どもが興味をもつ身近なものを取り上げた。また，学校を家庭のような暖かく，かつ構成員が相互に協力できる胎芽的な民主主義社会にしようとした。パーカーは，のちにデューイ（Dewey, John 1859-1952）によって，進歩主義教育の父と呼ばれた。

1892～93年にかけて『フォーラム』誌上に，アメリカの公立学校の実際を厳しく批判したセンセーショナルな記事が連載された。著者のライス（Rice, J. M. 1857-1934）は，全米の多くの都市の学校を実際に見学，調査して，授業が無味乾燥で機械的であること，教師の質が悪いこと，体罰が頻繁におこなわれ

ていること，多くの都市の教育委員会はボスの支配下にあることなど，具体的にその問題点を指摘した。その一方で，いくつかの都市では，子どもの自発的な学習がおこなわれており，生活と密接に結びついた内容を教え，教師による研究会が盛んであることを紹介した。ライスは大衆に対して学校改革の必要性を訴え，また，進歩的な教育改革の方向性も示唆したのである。この記事を契機として，学校改革をめざすさまざまな動きが新教育運動として大きく盛り上がった。

4　児童中心主義の思想的系譜

　新教育を支えた子ども中心の思想には二つの側面があった。一つは，子どもの個性や発達の法則を科学的に解明し，その自然な発達を保障しようとする科学主義の考え方であった。クラーク大学の学長であったホール (Hall, G. Stanley 1844-1924) は，その代表であり，児童研究運動の父といわれている。彼は，質問紙法を用いて，子どもの身体的および知的な発達に関する事例を大量に収集，総合して，幼児期，児童期，青年期など，それぞれの時期の特徴を一般化して，発達の法則を見いだした。そして，この法則に合致した教育内容や教育方法を提案した。たとえば，幼児期には，内的な衝動を十分に発揮させることが重要であり，そうしない限り，次の段階へは発達しない。したがって早期の教えこみは，自然の発達を妨げるものとして否定されたのである。ホールはアメリカ心理学会の初代会長に就任して，発達心理学を確立し，のちの心理学に大きな影響を与えた。クラーク大学の彼のもとで学んだゲゼル (Gesell, Arnold L. 1880-1961)，ゴダード (Goddard, Henry H. 1866-1957)，ターマン (Terman, Lewis M. 1877-1956) らの心理学者は，20世紀のアメリカ発達心理学を指導していくのである。

　子ども中心の思想のもう一つの側面は，個性を神的なものとして認め，子ども自身の内部にある発達の可能性を開発しようとしたロマン主義の考え方である。その起源は，ルソー，ペスタロッチ，フレーベルにまでさかのぼることができるが，アメリカでは，エマソン (Emerson, Ralph W. 1803-1882) の思想のな

かに明確に表現されていた。エマソンの思想はパーカーに受け継がれ，デューイの思想にも大きな影響を与えた。ロマン主義的な個性尊重の思想は，1920年代の進歩主義教育を代表する教育実践であるドルトン・プランやプロジェクト・メソッドのなかで具体化された。

5　ジョン・デューイの思想

　新教育運動を理論的に指導したのは，ジョン・デューイであった。20世紀を通じて，デューイほど教育に大きな影響を与え続けた思想家はほかにいない。彼が課題としていたのは，急激に変化しつつある現代社会のなかで，人間が成長しつづける条件を探求することであった。彼が提案したのは，共同体としての学校であった。それは，現実社会のさまざまな要素を取り入れた胎芽的社会であり，生徒相互の人間関係を築き，将来の社会のメンバーを形成するための場所であった。子どもは生活と結びついた内容を，自らの興味を出発点として学習するけれども，その学習は直接的な功利性をめざすものではなく，人間の知性の開発を目的とする。知性を備えた人間は，その知性でもって，さらに人間の成長を促すような社会を形成することができるとデューイは考えた。デューイの思想は，子どもから出発する点では児童中心主義であったが，民主主義社会の形成をめざす点では社会改造の指向性ももっていた。

　デューイは，1896年にシカゴ大学附属実験学校（デューイ・スクール）を開設し，自らの教育理論を教育実践のなかで検証してみた。校舎には，作業室，台所，食堂などがあって，生徒は協力しながら主体的な作業に取り組むことができた。カリキュラムは子どもの発達段階に応じて，①家の仕事，②家に役立つ社会の仕事，③発明と発見による進歩というように展開していく。衣食住のような単純で基本的な活動をさせて，興味と努力への意欲をかき立てて，次第に科学的方法や概念が形成された過程を自ら経験することができるようにした。実験学校の理論を紹介したデューイの著書『学校と社会』（1899）は，世界の新教育運動に大きな影響を与えた。わが国でも，1905（明治38）年に文部省訳が出され，大正自由教育を理論的に支えた。

6　進歩主義教育の諸実践

　子どもの個性，自由，自発活動を重視した教育実践に取り組んだのは，デューイ・スクールだけではなかった。パーカーの教えをうけたフローラ・クック（Cooke, Flora 1864-1953）が初代校長を努めたフランシス・W・パーカー・スクール（1901年，シカゴ市），ジョンソン（Johnson, Marietta 1897-1938）のオーガニック・スクール（1907年，アラバマ州フェアホープ），プラット（Pratt, Caroline 1867-1954）のプレイ・スクール（1913年，ニューヨーク市），パーカースト（Parkhurst, Helen 1886-1973）の児童大学（1919年，ニューヨーク市，のちのドルトン・スクール）などが，全米の各地に次々と設立された。

　1919年，これらのさまざまな教育実践に関心をもっていた人々は進歩主義教育推進協会を結成した。会長はコッブ（Cobb, Stanwood 1881-1982），名誉会長がハーバード大学元学長エリオット（Eliot, C. W. 1834-1926）であった。この団体は，1920年に名称を進歩主義教育協会（Progressive Education Association）に変更し，1924年からは機関紙『進歩主義教育』を刊行して，アメリカにおける進歩主義教育を統合する組織になった。エリオットの死後，1927年にはデューイが名誉会長に就任した。進歩主義教育という用語は，この団体の活動を通して一般に普及していった。

　協会は，進歩主義教育の原理を以下の七つにまとめている。

　1　自然に発達する自由
　2　興味がすべての学習の原動力
　3　教師はガイドであり，仕事割り当て人ではない
　4　子どもの発達に関する科学的な研究
　5　子どもの身体的発達に影響をあたえるものに一層注意を払う
　6　子どもの生活の必要に応ずるために，学校と家庭が協力する
　7　進歩主義学校は教育運動のリーダー

　以上の7原理は，児童中心の思想を表現したものとみることができるが，デューイが意図していた共同体としての学校や社会改造という思想は読み取ることができない。また，子どもの興味や自発性を尊重するあまり，子どもは基礎

的な知識や技術の習得ができず，知性の発達にはつながらないのではないか，という危惧をもつものも少なくなかった。

　それでも，『進歩主義教育』は，新しい教育実践を全国に紹介する機能をはたした。そのなかには，教育の個性化をめざした代表的な教育実践であったドルトン・プラン (Dalton Plan, ヘレン・パーカースト創案) やウィネトカ・プラン (Winnetka Plan, カールトン・ウォシュバーン創案)，デューイの問題解決の理論を教育実践に応用しようとしたキルパトリック (Kilpatrick, William H. 1871-1965) のプロジェクト・メソッド，さらに欧州で注目されていたドクロリの思想や実践など，さまざまなものが含まれていた。1920年代は，アメリカの好景気にも支えられて，この機関誌に紹介されたような多様な教育実践が全国で展開した。

7　進歩主義教育への批判

　1929年の大恐慌以後，進歩主義教育は，内部からも外部からも，厳しい批判を受け始めた。進歩主義教育の内部からの批判の代表は，デューイの教えをうけたこともあるカウンツ (Counts, George S. 1889-1974) であった。彼は，1932年2月の進歩主義教育協会の年次大会で，『進歩主義教育は進歩的であろうとしているか』と題する講演をおこない，ついで『学校は新しい社会秩序を建設しようとしているか』(1932) を発表して，進歩主義教育が上流階級の人々の意向を反映しているだけで，社会改造をめざしていないという点を激しく批判した。これ以後，カウンツ，デューイ，キルパトリック，ラッグ (Rugg, Harold 1886-1960) らが，進歩主義教育協会の内部に社会改造をめざす人々の理論集団を形成し，雑誌『ザ・ソーシアル・フロンティア』を発刊した。いっぽう，協会は，進歩主義学校で教育を受けた生徒が大学に入学して活躍しているかどうかを調査した。この調査と研究の過程で，タイラー (Tyler, Ralph 1902-1994) らは教育成果の数量的測定よりも，認知面に加えて，関心・態度といった高度な精神活動にも着目する教育評価の概念と方法を打ち出した。その調査・研究の結果は『8年研究』(1942) として発表され，進歩主義教育の成果

を確認するものであった。こうして，進歩主義教育協会は，社会改造を構想する人々と，教育方法と教育実践の研究に集中する人々との分離，いわば理論と実践の乖離傾向が強まり，その結果，進歩主義教育協会自体の活力が弱まっていった。

進歩主義教育を外部から批判したのは，本質主義者（エッセンシャリスト）といわれる人々で，バグリー（Bagley, William C. 1874-1946），キャンデル（Kandel, I. L. 1881-1965）らであった。彼らは，進歩主義教育は子どもの興味や自発活動を過度に重視し，アカデミックな学習を軽視して，その結果，学力の低下や規律の欠如をもたらしていると批判した。1938年には，バグリーが中心となって，「アメリカ教育の振興のための本質主義者委員会」を結成し，文化遺産の伝達や教科の系統的な学習の必要性を訴えた。

こうして，進歩主義教育は，内部からも外部からも批判され，1940年代から衰退し，1955年に進歩主義教育協会は解散した。

8　教育の現代化

1957年10月，ソビエト連邦がアメリカに先んじて人工衛星の打ち上げに成功したことは，アメリカ人に大きな衝撃を与えた。科学技術においてアメリカがソ連に遅れをとったことを知らされたのである。その衝撃はスプートニク・ショックという言葉で歴史に記録されている。この遅れの原因を，知的教科や科学技術の教育を熱心に進めてこなかった進歩主義教育に求める政治家や学者は少なくなかった。とくに，第二次世界大戦後，中等教育をできるだけ多くの人に開放するために，アカデミックな内容よりも，生活や職業に直接役に立つような内容に傾斜した生活適応教育が厳しく批判された。

スプートニク・ショック以後，科学技術の進展のために，連邦政府は知的エリートを養成するための教育改革を推進した。1958年11月，連邦政府は国防教育法を成立させ，初等・中等教員をめざす大学生への奨学金，理科，数学，技術，外国語のすぐれた学生に対する奨学金，大学院学生に対する給付奨学金，中等学校生徒対象のガイダンスなどを盛り込んだ。また，1950年代末～

60年代前半にかけて，英才の発見のための調査をしばしばおこなった。さらに，1960年代には，生徒の能力をIQで測定して，その程度に応じた多様なコースを用意して，生徒をコースに振り分けるという能力主義的な教育制度も普及した。このような政策はマンパワーポリシーといわれ，エリートの選抜と養成をめざしていた。

科学技術を中心に教育内容を現代化することは政策的な課題であったが，それを理論面で支えていたのは，認知心理学者ブルーナー（Bruner, J. S. 1915-　）の研究であった。ブルーナーは，1959年秋，現代の科学の進歩に見合うように初等・中等学校の科学カリキュラムを改革することを目的として開かれたウッズホール会議で議長を務め，そこでの議論をふまえて『教育の過程』（1960）を出版した。このなかで，構造学習，発見学習，内発的動機づけ，レディネスの促進といった新しい原理を提起した。「どの教科でも，知的性格をそのままにたもって，発達のどの段階のどの子どもにも効果的に教えることができる」（ブルーナー 1963）ということばは，彼の理論の特徴を示している。

9　教育の平等化と人間化

このような能力主義的な教育改革に対して，公民権運動の進展を背景に，1960～70年代にかけて，教育の平等と機会均等の実現をめざす動きもあった。1954年に出された連邦最高裁のブラウン判決は，白人と黒人を別々の学校に通わせることを違憲と認定し，これ以後人種統合教育が急速に進み，公民権運動に拍車をかけた。連邦政府は，1964年に公民権法と経済機会法を，1965年には初等中等教育法を制定し，ヘッド・スタート計画などを実施して，教育的に恵まれていない子どもに対する優先的な財政援助を始めた。さらに，1975年には全障害児教育法を制定し，3～21歳までの子どもに対する無償で適切な公教育を保障することを規定した。これまで差別されてきた少数民族や女性が優先的に教育を受けることができるようにする積極的差別是正措置（affirmative action）も実施されはじめた。合衆国憲法では教育行政は州の管轄であり，地方分権を特徴としている。それにもかかわらず，これ以後，連邦政府が補助金

の配分を通して，教育に関与する道が開かれた点で，初等中等教育法などの制定は画期的であった。

　平等化の指向は，進歩主義教育を復活させようとする思想と結びついていた。形式的で規律を重視する学校教育を批判して，子どもの自由を尊重しようとする思想が，1960年代末から復活したのである。この時期，イギリスのニール（Neill, A. S. 1883-1973）のフリー・スクールや，シルバーマン（Silberman, Charles E. 1925-2011）が『教室の危機』（1971）のなかで紹介したイギリスの幼児学校のインフォーマル教育の実践は，子どもの自由や自発性を尊重し，教育の人間化をめざしたものとして注目された。また，抑圧的で強制的な学校を解体して，学習のためのネットワークの形成を唱えた脱学校論も登場した。

　しかし，このような動きは，教育目標をあいまいにし，安易な科目の増加と教育内容の多様化，学力の低下をもたらし，さらには非行の増加の原因にもなったとして，1970年代末から批判されはじめた。

10　現代の教育改革

　1980年代以後の教育改革を方向づけたのは，教育の優秀性に関する全米審議会の報告書『危機に立つ国家』（1983）であった。1970年代末から，アメリカの生徒の学力を示す大学進学適性試験（SAT）の得点は低下しつづけ，理科や数学などのアカデミックな教科を履修する生徒は減少を続けていた。これは学校教育の失敗であり，アメリカの国際的地位の低下をもたらしていると，報告書は危機感を表明した。そして，ハイスクール卒業要件の強化，測定可能な学力の向上，基礎的な教科の学習時間の増加，教師の資質の向上などを提言した。これを契機に，基礎学力を重視する教育政策が，連邦政府および各州政府によって推進された。

　1990年代になると，連邦政府は，各州に対して，学力の基準を設定し，基準を達成していることを証明するための学力テストの実施を求め，各州の教育改革への関与を強めていった。そのきっかけは，1989年にブッシュ大統領（共和党）の主導で，州知事を集めて開かれた教育サミットであった。そこでの合

意に基づいて，連邦政府は『2000年のアメリカ』を発表し，西暦2000年までに達成すべき六つの目標を提示した。六つとは，①修学前教育を充実させること，②ハイスクールの卒業率を90％以上にすること，③すべての生徒が第4学年，第8学年，第12学年で挑戦的な教科で有能さを示すこと，④数学と科学の分野で合衆国の生徒の学力が世界一であることを示すこと，⑤成人が国際競争に勝つのに必要なリテラシーや知識があること，⑥学校から麻薬や暴力などをなくすことであった。

　ブッシュのあとを継いだクリントン大統領（民主党）は，1994年に，上記6項目に，教員の資質向上と，学校教育への親の参加という2項目を加えて『2000年の目標：アメリカを教育する法』として成立させた。この法律は，学力の基準と評価システムを具体的に作成した州に連邦の補助金を与え，連邦政府の設置する委員会に州の基準を認定する権限を与えた。共和党の反対があり，連邦の委員会設置は実現しなかったが，すべての州が基準を作成し，学力テストを頻繁に実施するようになった。こうして，1990年代に学力テストの成績で教育成果を示すことがアカウンタビリティとして重視される傾向が強まった。

　学力テストとアカウンタビリティを重視する連邦政府の政策は，2002年に成立した『ひとりも落ちこぼれを出さない法（No Child Left Behind Act, 以下NCLB法）』として，具体的なかたちをとった。この法律によって，連邦の補助金を受ける州は，読解と数学（のちに理科も追加）の分野で，第3学年から第8学年の子どもは毎年，第10学年から第12学年の子どもはその3年間に1回の学力テストが義務づけられた。同時に，学力テストの習熟レベルを設定して，毎年，改善していることを示すこと，さらに，2014年までにはすべての生徒がそれに到達することが求められた。順調に改善が進んでいない学校には，補習の実施などの対策が求められ，さらに要改善の状態が続けば，学校のリストラの措置も取られる。こうして，連邦政府は州への補助金の配分を通して，地方の教育行政への影響力を一層強めた。

　現在では，学校の授業がテスト対策に偏ったり，テストの不正が報告されたりして，NCLB法の弊害が顕著になっており，その是正が課題となっている。

参考文献
(1) メイヨー&エドワーズ／梅根・石原訳『デューイ実験学校』明治図書，1978 年
(2) ブルーナー／鈴木・佐藤訳『教育の過程』岩波書店，1963 年
(3) 橋爪貞雄『二〇〇〇年のアメリカ―教育戦略』黎明書房，1992 年
(4) ラヴィッチ／末藤・宮本・佐藤訳『学校改革抗争の100年：20世紀アメリカ教育史』東信堂，2008 年
(5) 市村尚久『アメリカ六・三制の成立過程』早稲田大学出版会，1987 年
(6) 佐藤学『米国カリキュラム改造史研究』東京大学出版会，1990 年
(7) 宮本健市郎『アメリカ進歩主義教授理論の形成過程』東信堂，2005 年
(8) 北野秋男他編『アメリカ教育改革の最前線―頂点への競争―』学術出版会，2012 年

② イギリス

1 3R'sの教育をのりこえて——新教育の時代

労働者階級の子どもたちが学んだ基礎学校では，1862年の改正教育令によって導入された出来高払い制度（～1896年）に象徴されるように，工場労働や産業訓練と通ずる考え方を基礎とする教育が営まれていた。規律や目上の者に対する従順さが尊重され，3R's（読み・書き・算）を中心に限定された教育内容と画一的で効率重視の教育方法（モニトリアル方式，一斉教授，機械的な暗誦など）が一般的であった。

19世紀末から20世紀初頭にかけて，このような教育に対する批判を背景にして，進歩主義による学校があらわれた。イギリスで最初の進歩主義学校は，アボツホルムで1889年にセシル・レディの開いた学校であるとされる。しかし，イギリス帝国主義の成立を背景にしたこの学校は，寄宿舎での共同生活によって，知・徳・体の調和のとれた発達をめざしながらも，大英帝国の担い手の育成という枠を超えることはなかった。

むしろ，イギリスにおける新教育の時代の中心であったのは，第一次世界大戦後に結成された新教育連盟とそれに連なる私立進歩主義学校であった。新教育連盟の中心的人物の一人であったエドモンド・ホームズは，30年間の勅任視学官としての経験から，基礎学校での教育は子どもたちの自由や進取の気質，知性を破壊する有害なものだと断言していた。ルソー，ペスタロッチ，モンテッソーリ，フレーベル，デューイらの教育思想の影響下，強制ではなく自由を基調に，子どもを個人として尊重する教育が，ニイル（A. S. Neill 1883-1973）が1927年に開いたサマーヒル学園，同じ年にバートランド・ラッセル夫妻が始めたビーコンヒルの学校などでおこなわれた。

この時代における進歩主義教育の一定の広がりを示しているのが，教育院諮問委員会（ハドー委員会）の報告書である。同委員会は，すでに1926年の報告書で，基礎教育を中高等教育につながる初等教育に再編すべきことを述べていた。続く1931年の報告書では，初等学校のカリキュラムについて，獲得され

るべき知識と蓄えられるべき事実としてではなく，活動と経験という観点から考えられるべきだ，としている。ただし，このような進歩主義的な初等教育が実践されていたのは，ほぼ同時期の日本における大正自由教育の場合と同様，まだ私立学校を中心とする限られた一部であった。

2　「すべての者に中等教育を」の実現に向けて──1944年教育法と戦後教育改革

　第二次世界大戦が大衆に強いた犠牲と苦労をばねにして，戦中から戦後にかけて，多くの国では労働者大衆が階級的自覚を高め，社会改革の要求を掲げた。これに応えて，イギリスでもベヴァリッジ報告書(1942)が社会保障制度の骨格を示し，1945年に発足した労働党政権のもと福祉国家体制が整えられることになった。教育についても，すでに戦中から教員組合，労働組合会議，労働党などがそれぞれの改革要求を掲げ，政府も白書を公表して抜本的な戦後教育改革に向けての準備が進められていた。

　大戦終結前の1944年に成立した教育法は，戦後のイギリス教育制度の根幹を据えるものであった。法案提出者である教育院総裁の名から，バトラー法とも呼ばれる同法は，基礎教育と中・高等教育の断絶を廃止し，初等・中等・継続(高等)という連続した段階からなる学校制度を初めて公的に規定した。また，義務教育年限をこれまでの14歳から15歳に延長することにし，さらに可能なかぎり早期に16歳まで再延長すべきことをうたうなど，さまざまな進歩的改革を盛り込んでいた。それは，労働者教育協会(労働者の知的能力の発達をはかることを目的に1903年に設立された，大学，労働組合，協同組合などの同盟組織)の指導者であった，ロンドン大学教授のトゥーニーが『すべての者に中等教育を』(1922)を執筆して訴えた，すべての子どもがその能力を発達させるにふさわしい内容をもった中等教育の保障という課題の実現に向けて，一歩を踏み出すものであった。

　かつて，グラマースクールの中等教育は上層階級の特権であった。19世紀後半には，大衆の教育要求が高まり，中等教育として認められてはいなかったものの，基礎学校課程を修了した者がさらに数年間学びつづけることのできる

上級基礎学校（ハイヤーグレードスクール）や職業技術教育を主に施す教育機関が生まれていた。20世紀前半には，義務教育制度の拡充や公立基礎学校の無償化が進められ，公立グラマースクールの設置もおこなわれるようになっていた。このような教育制度の発展という流れのなかで，1944年の教育法は，上述のような進歩的側面とともに，まだいくつかの克服されなくてはならない点を有していた。

その最大のものは，分断的な中等教育制度を許容したことである。子どもたちには，生まれつき「学問的」「技術的」「実際的」という異なるタイプがあるとして，それぞれに別々の中等学校（グラマー，テクニカル，モダン）を用意する三分岐制度が多くの地方で採用された。この制度は，知能テストに過度の信頼をおく心理学説と生得的な能力観に依拠するものであった。そのため，11歳時点での知能テストと3R's（読み・書き・算）の試験（イレブンプラス試験）の結果によって，子どもたちは異なるタイプの中等学校に選別されることになったのである。しかし，心理テストの信頼性に対する疑問が強まり，早期選別がもたらすさまざまな教育的弊害が明らかになるにつれて，11歳時点での試験の廃止と統一的・総合的な中等学校を求める声と運動が次第に高まっていく。

3　すべての子どもが無試験で入学できる中等教育学校
　　　──コンプリヘンシブスクール運動

子どもたちを早くから異なった中等学校に振り分けるのではなく，共通の学校で個性を重視しつつすべての子どもたちに中等教育を与えることが，真の教育機会の平等であるという考え方は，かねてから労働者や教師たちの間で根強く存在していた。戦後教育改革がスタートした直後から，ロンドンをはじめとするいくつかの地域では，その地域のすべての子どもたちを無試験で入学させるコンプリヘンシブスクール（総合制中等学校）の実験が取り組まれていた。

このような総合制の原則に立って中等教育を改革しようとする大衆的運動が，早期選抜によって，子どもたち一人ひとりがもっている能力が十分に開花させられず，才能が浪費されていること，分断的な中等教育が社会的不平等を維持・

拡大するように働いていることが明らかになるにつれて，ますます強まっていった。1965年には，前年の総選挙で政権に返り咲いた労働党政府が，地方ごとにおこなわれるコンプリヘンシブスクールへの再編にはじめて公的な後押しを与えた。その後，中等学校制度の再編は進んだが，現在も選抜を実施するグラマースクールが一部の地域に残されている。

4　児童中心主義教育の聖典——プラウデン報告書がもたらしたもの

　個性的存在としての子どもを顧みず，機械的な暗誦を強い，体罰も頻繁におこなわれていた抑圧的な教育を批判して，新教育の時代に高まりをみせた進歩主義的教育は，その後ゆっくりと，イギリスの初等学校に浸透していった。第二次世界大戦後，とくにヨークシャーのウエストライディング，オックスフォードシャー，レスターシャーなどは，進歩主義的な初等学校の実践で知られるようになった。

　19世紀以来の基礎教育的伝統の克服をめざす，教師をはじめとする教育関係者の努力に公的な承認を与えたのは，レディ・プラウデンを長として，初等教育のあらゆる側面について検討をおこなうことを付託された中央教育審議会によるプラウデン報告書（1967）であった。この報告書は，社会的に不利益な状態におかれている地域への優先的な資源投入，幼児教育の充実，学校と家庭とのより緊密な協力関係など，多くの改革提言をおこなった。

　とりわけ，プラウデン報告書は，子どもの関心に適合した学習課題の選択，活動や個人的経験の重視などの児童中心主義的な教育方法に全面的な支持を与えるものであった。本文には「教育過程の中心には子どもが存在する」という有名な一節がある。以来，プラウデン報告書は，教師の養成や現職教育の教材として多く用いられ，児童中心主義的な考え方に沿ったインフォーマルな教育のいっそうの普及を促した。また，アメリカや日本のオープンスクールやオープンスペース教育にも影響を及ぼしている。報告書が内外の教育に与えたこのような影響力から，プラウデン革命と呼ばれることもある。

　しかし，プラウデン報告書と児童中心主義に対する批判も決して弱くはなか

った。それが基礎学力の低下をもたらすものだとする批判は当初からみられた。また，児童中心主義的教育を社会的秩序や安定に対する脅威ととらえた保守派・右派勢力もあった。彼らは『教育黒書』（1969～）を次々に出版して，児童中心主義は子どもに権威に挑戦することを促し，基礎学力や技能，規律の重要性を無視していると批判した。また，ほぼ同時に力強く進行しつつあった，中等教育機関のコンプリヘンシブスクールへの再編とあわせて，プラウデン報告書に基づく初等教育の改革は過度の平等主義を助長するものだという，かなり政治的な色彩の強い攻撃を展開した。

5　選択と多様性の教育——保守党政権による教育改革（1979～97 年）

　1979 年に労働党から政権を取り戻したサッチャー保守党政権は，次々と教育法を成立させ，精力的に教育改革を推し進めた。その背景として，1970 年代からの国際経済の変化とイギリスの国際的地位の凋落が大きい。その凋落の原因として批判の矛先が向けられたのが，教育であった。1976 年には，労働党のキャラハン首相がオックスフォードのラスキンカレッジで，学校が子どもたちに将来の職業生活に向けて十分な準備を与えていないことなどを問題とし，国民的な教育大討論を呼びかける演説をおこなった。教育がもっぱら国家経済の観点から問題とされるようになり，教育に対する国家介入が強められていく地盤がつくられつつあった。

　保守党政権によって進められた教育改革の最大の特徴は，「選択」「多様性」「効率性」を旗印に，市場競争原理に依拠した教育制度をつくり出そうとした点にある。これは，戦後イギリス社会が選択した社会民主主義的合意に基づく福祉国家体制の大転換という意味をもっている。数々の教育立法のなかでも，1988 年の教育改革法（教育科学大臣の名前からベーカー法ともいわれる）は質量ともに，この時期の保守党政権による教育改革を代表するものであった。

　保守党政権による教育改革を通じて，親が子どもの通う学校を選択できる権限が強められた。学校に対しては，在学する子どもたちの試験成績などを公表して，選択の材料に供することを義務づけてきた。また，学校に交付される予

算を，入学する子どもの数で決める仕組みを導入した。学校にとって子ども・親という消費者に選択されることが至上命題となり，この競争によって教育に多様性が生まれ，質も向上するとされた。しかし，選択と多様性の教育を推し進めたことによって，もとからよい成績を望めそうにない子どもや問題行動を起こす子ども，障害児や民族的少数者が学校の評価にとってマイナスだからという理由で排除されるなどの問題も明らかになっていった。

6　教師の拘束服？――ナショナルカリキュラムの登場

サッチャー保守党政権下の教育改革のもう一つの柱は，ナショナルカリキュラムを定めたことである。1944年の教育法は，宗教教育に関する規定を除けば，学校のカリキュラムについて積極的に定めることはしていなかった。それ以後の約30年，国家がカリキュラムや教授法について直接介入することはおおむね例外的なことだった。基礎学校やグラマースクール的な教育は依然として影響力をもちつづけていたし，進学や就職のための一般教育修了証試験（GCE）が学校のカリキュラムを枠づけてしまう，ということもあった。しかし，教育の内容や過程に関する具体的な事柄については，教師たちが専門的判断や工夫を働かせる自由がかなり残されていたのである。ナショナルカリキュラムは，そのような自由を大きく制限するものであり，教師にとっての拘束服であると評されることもあった。

1988年の教育改革法によって導入されたナショナルカリキュラムは，5～16歳までの子どもに教えられなくてはならない教科（英語，数学，科学，技術，歴史，地理，美術，音楽，体育，外国語）と，教科ごとの到達目標と学習内容を示すプログラムから構成されている。さらに，7歳，11歳，14歳，16歳の時点で，子どもたちのナショナルカリキュラムに基づく学習到達度を全国的に評価するものとした。ナショナルカリキュラムの定める内容以外のものを教えることや，どう教えるかは自由であるとされたが，学校現場ではナショナルカリキュラムの内容をこなすので精一杯であることが実状だった。また，教科ごとに複数ある到達目標の詳細なレベルに即して子どもたちの到達度を評価しなくて

はならない仕組みは，教師たちに膨大な事務的・管理的な作業時間と労力を求めた。7歳の時点での全国的試験の教育的意義が問題にされることも多かった。

このような多くの問題点をかかえ，学校現場や教育研究者からの批判も強かったナショナルカリキュラムは，その後見直しと修正を余儀なくされた。政府は，教育界の外から労使紛争の調停者として名を知られたデアリング卿を招聘し，その任にあたらせた。デアリング・レビュー（1993～94年）と呼ばれる，この見直し作業の結果，ナショナルカリキュラムのスリム化と試験の簡素化が実施された。これは，内容の詰め込みと過度に規定的な性格を若干緩和したものの，権利としての教育をすべての子どもたちに保障するカリキュラムとしては，中等教育における職業準備教育のあり方などを含む多くの問題を未解決のまま残した。

7　教育，教育，教育！——新生労働党の教育改革

1997年5月，ブレアの率いる労働党が長い野党暮らしに終止符を打ち，サッチャーからメジャーへと引き継がれた保守党長期政権を打ち倒した。労働党は選挙活動期間中から，政権獲得後には教育を政策として最も優先することを表明していた。初等学校低学年の学級規模を30人以下とする公約は，とても好意的に受け止められていた。しかし，政権獲得後の教育改革で最も重視されていたのは，なんといっても，子どもたちの基礎学力水準の向上という問題にほかならない。

具体的には，初等教育の修了段階での英語と数学における到達レベルについて，2002年までに達成すべき数値目標を設定して，その実現のための諸施策が実施された。「読み書きの時間」や「計算の時間」が学校の時間割に導入され，能力別学級編成など効果的な授業方法の普及が奨励された。幼児教育や中等教育についても，全国的目標のほか，地域ごと，学校ごとの目標設定が促され，それらを達成するための「支援と圧力」の仕組みがつくり上げられた。厳しい競争の圧力にさらすだけではなく，そのために努力をする学校や教師には十分な支援を与えようという姿勢が，前保守党政権とはやや異なっていたが，

ナショナルカリキュラムや学校ごとの試験結果を公表して親の学校選択の材料とするとともに，選択の対象である学校の多様性を増やす「選択と多様性」の理念はそのまま受け継がれていた。

労働党政権下では，学校の多様性を高めることを目的として，「国家的制度内における独立した学校」といわれるアカデミー（academy）や信託学校（trust school）が創設された。これらの学校では教員の資格や給与に関する国家的規定の適用免除，教育課程や入学者選抜に対する規制緩和など，スポンサー（出資者）や財団を中心とする学校運営の自律性が大幅に認められている。さらに，中等教育機関の多様性増進に寄与するものとして宗派立学校（faith school）の設置も促進された。

8　連立政権の教育改革（2010年～）

2010年の総選挙によって誕生した保守党と自由民主党による連立政権下でも，「選択と多様性」という1970年代末以降，保守党政権から労働党政権へと引き継がれてきた教育改革の基調に大きな変化はみられない。連立政権は労働党政権下で創設されたアカデミーをすぐれた成果をあげている学校形態と称揚し，既存の学校のアカデミーへの転換を強力に推進している。中等学校だけでなく初等学校もアカデミーになることができるようになった。

また，スポンサーの関与をアカデミーへの転換の必須条件から除外したが，一方では非営利団体や企業が複数のアカデミーを運営するアカデミー・チェーン化が進行しており，公共部門と民間部門の境界線はますます不分明になっている。さらに，保護者や地域団体，非営利団体，企業が設置できるフリースクール（free school）制度も創設された。

前労働党政権が教育の「水準」を重視して，成果をあげていない学校に対しては警告を与え，実質的な廃校やアカデミーへの転換などという強硬措置を採用したのは，教育をグローバル経済における人材投資とみなしたからであった。この国家の経済競争力を高める手段としての教育という経済主義的思考は連立政権にも継承されている。同時に数学，英語，理科，外国語，歴史または地理

などの伝統的教科の価値を強調 (back to the basics) したり，児童・生徒に対する規律を重視したりするなど，進歩主義的教育に対する批判の復活に連立政権の教育改革の一つの特徴をみることができる。

参考文献
稲垣忠彦他『子どものための学校——イギリスの小学校から』東京大学出版会，1984年
志水宏吉『変わりゆくイギリスの学校「平等」と「自由」をめぐる教育改革のゆくえ』東洋館出版社，1994年
D. ロートン／勝野正章訳『教育課程改革と教師の専門職性——ナショナルカリキュラムを超えて』学文社，1998年

3 フランス

　1989年，子どもを教育制度の中心におき，生徒の多様性に応じた教育により「すべての子どもたちの成功を導く」という理念を掲げた教育基本法（通称ジョスパン法）が制定された。ここには，2000年までにすべての者が職業資格を取得し，かつ同一年齢層の80％の者がバカロレア水準に達するようにするという具体的目標も定められていた。以後，政権のちがいを越えてこの理念と目標は継承されていった。

　しかし，この目標は今なお達成されず，むしろ一層深刻な状況になってきている。毎年15万人の青年（同年齢層の約2割）が無資格で学校を離れ，コレージュ（前期中等教育，4年制）に入学する生徒の1割が十分な読み書きができず，小学校では約2割が落第を経験する。さらには教育の民主化をめざしてきたにもかかわらず，エリート高等教育機関であるグランゼコールに進学する者の階層間格差が拡大するなど，公教育の行き詰まり状態は明らかとなってしまった。

　そこで，21世紀に入り，さまざまな教育改革が試みられている。それは，喫緊の課題に応えるといった性質のものであると同時に，その根底に流れているフランス「共和国」としての理念にも着目する必要がある。課題意識や施策などの具体が似ているからといって，めざすべき社会像も同じとは限らない。フランスの事例からは，このような点を学ぶことができるのではないか。

1　フィヨン法（2005年）

　学力向上はフランスでも教育改革の動機として大きな位置を占める。ジョスパン法は子どもを中心に据えることを核にした改革であったが，学力不振や校内暴力の解決という点では，すぐに成果を出すことはできなかった。このような教育制度構築の理念と世論が求める教育的成果との間にあるズレは，次なる改革の準備を導くものとなる。

　こうして2005年，国民教育大臣の名前をとって「フィヨン法」と呼ばれることになる「学校の未来のための2005年4月23日付，基本計画法第2005-380

号」が公布された。これは，ジョスパン法において示された，同一年齢層の100%を最低限の職業資格水準に，また80%をバカロレア水準に至らせるという二つの目標を引き継ぎつつ，それに加えて，50%を高等教育修了に至らせるという目標を示した。その実現に向けて，義務教育段階におけるすべての児童・生徒に対する基礎的な学力の保障を目的とした改革であった。

　学力の向上には，教員の指導の質も欠かすことのできない要素となる。そこで，フィヨン法では，教員の資質向上もうたわれ，教員の研修についての予算も計上されることになった。と同時に，学校全体としても，たとえば，すぐれた教育実践の普及発展など，組織的に学力向上に向けた施策が必要だとされた。そのために，校長が主宰し，学年主任，各教科代表，生徒指導専門員らによって構成される教育指導会議（conseil pédagogique）の設置が定められ，教育活動の評価がおこなわれるようになった。

　なお，この法律は，制定前に，「学校の未来に関する国民討論」と題して教育改革に関する議論を全国規模で展開し，その総括と改革提言をおこなった報告書（「テロー報告」）をもとにしてつくられている。いわばフランス市民の総意をあらわしているといわれる法律でもある。

2　「共通基礎」の法定

　学力向上政策の色合いが強い同法の中心として打ち出されたのが，「共通基礎知識技能（le socle commun des connaissances et des compétences）」（以下，「共通基礎」とする）という考え方である。「共通基礎」とは，小学校および中学校で完全に習得されるべき内容のことであり，これに基づいて学習指導要領も改訂されることになった。つまり，学校で教えるべき教育内容に関して，その考え方が次のように条文化されたのである。

> 　義務教育は，各人が学校教育を首尾よく終え，引き続き教育を受け続け，個人的そして職業的将来を築き，社会生活で成功を収めるために必要不可欠な知識および能力の総体から成る共通の基礎（socle commun）を獲得するのに必要な諸手段を各人に保障しなければならない。

こうして，その内容が検討され，実施の段階では，2006年の政令において，以下の7項目が「共通基礎」とされた（なお，2016年度より内容の再検討が予定されている）。

> ①フランス語の習得（La maîtrise de la langue française）
> ②1つの現代外国語の実用（La pratique d'une langue vivante étrangère）
> ③数学の基本的要素の習得及び科学的・技術的教養（Les principaux éléments de mathématiques et la culture scientifique et technologique）
> ④情報・通信に関する日常的な技術の習得（La maîtrise des techniques usuelles de l'information et de la communication）
> ⑤人文的教養（La culture humaniste）
> ⑥社会的公民的技能（Les compétences sociales et civiques）
> ⑦自律性及び自発性（L'autonomie et l'initiative）

なかでも外国語教育に関しては，ヨーロッパ諸国のなかで相当な遅れをとっているとの認識があり，小学校2年生から外国語教育を開始すること，義務教育期間中に二つの現代外国語を習得することとした（二つ目はコレージュ第二学年から開始）。その背景には，欧州統合にともない，1990年代初頭からの複言語主義の推進がある。「母語」に加えて二言語を習得することで，複数の言語を使用するヨーロッパ人の形成がめざされており，これをより円滑に進めていくために，2001年に「ヨーロッパ言語共通参照枠」が明示された。そこでは言語教育における基盤となるようなシラバスやカリキュラム，教材などが示され，言語教育の評価基準で6段階（A1・A2・B1・B2・C1・C2）に定められた。

3　学習状況の厳格な把握

ところで，「義務教育期間中に習得すべきもの」という規定であるかぎり，その習得の度合いが証明されなければならない。フィヨン法では，その習得状況の確認をコレージュ修了段階で厳格におこなうことも定めている。従来から「コレージュ修了免状」（brevet de collège）の制度は存在していたが，基準はとくになく各学校に任せられていた。習得の程度を証明するという観点からすれ

ば，その機能は果たされていなかったといえる。これを改め，共通基礎の習得を証明する国家資格として全生徒に受験を義務づけることになった。その試験は，フランス語，数学，選択教科（「歴史・地理・公民教育」または「物理及び生命と地球の科学」）の3教科の筆記試験と，平常点評価（上記選択教科で受験しなかった教科，第一外国語，体育・スポーツ），選択科目，学校生活の評定などから構成される。

しかし，このように厳格な習得状況が求められるとすれば，落第することになる子どもたちも出てくると予想される。もともとフランスは，義務教育段階においても伝統的に飛び級や落第が制度的に組み込まれているため，いっそう，そのことが懸念される。

そこで，フィヨン法では，学習の過程において「共通基礎」の習得が困難と思われる場合には，校長は「学業達成のための個別プログラム」（PPRE: programme personnalisé de réussite éducative）を家族に対して提案することも定められた。これは，対象となるそれぞれの生徒について学校と保護者の合意に基づいて定められる短期集中的な学習支援プログラムである。そのために，たとえば，フランス語と数学に重点をおいた補習授業の実施や，教員の加配による少人数指導など，落第を少なくするための方策も考えられることになった。

実は，フィヨン法は，その立法化の過程においては，このような義務教育段階の改革と同時にバカロレア（高等学校卒業資格試験兼大学入学資格試験）の改革もねらっていた。具体的には，その筆記試験の科目数を限定し，そこに平常点を加えるというものであった。しかし，これに対しては，国家資格としての伝統的価値の下落や平常点ということに関して不公平が出るのではないかなど，高校生による反対デモもあり，結局，この部分については断念することになった。

4　生徒指導の充実も

先に，ジョスパン法によっても，校内暴力などの問題は解決されなかったと述べた。この暴力などの問題は，教育改革をめぐる国民的議論のなかでも重視

されていた。したがって，当然，その解決に向けた方針が立てられるわけだが，それは，学校が学業の場であると同時に，道徳的価値観を身につける場でもあるということを子どもたちに再確認させるものであり，学校生活全体にわたって道徳的な価値の構築を重視していくといったものであった。

具体的には，授業を妨害する生徒を一時分離しておくためのクラスの設置などが考えられた。また，先述したコレージュ修了免状に学校生活に関する評価点を記載することも，生徒指導の充実の一環として位置づけられたものである。しかし，これが本当に問題の解決につながる施策といえるのかどうか。

5　ペイヨン法（2013年）

2012年5月に誕生した社会党のオランド政権下では，2005年制定のフィヨン法に続いて新たな教育法を制定する方針が示され，「共和国の学校の再構築のための基本計画法」（国民教育大臣の名をとって，通称ペイヨン法）として2013年6月に成立した。同法においては，共和国の市民の育成を目的として「道徳・市民教育」について規定された。この教育を通して，子どもたちに，差異の尊重，男女平等，ライシテ（非宗教性）の尊重について習得させるとしている。また，これまで法的に明記されてはいないながらも学校において示されてきた「自由・平等・友愛」という共和国の標語や国旗である三色旗およびEU旗の設置，さらには「人権宣言」の学校への掲示を義務づけるなど，そこには，共和国の価値をより一層強めていく方向性が読み取れる。

6　ライシテ憲章

ペイヨン大臣が，学校に掲示を義務づけたものの一つに「ライシテ憲章」がある。2013年には，幼稚園から高等学校までのすべての公立学校においてライシテに関する教育を徹底させる方針が示され，それがこの「憲章」に結実することとなった。そこでは，宗教上の理由で学習内容に異議を唱えることが禁止され，また，明らかな信教上の印を身につけることも禁じるとしている。全15条からなる同憲章の内容は，以下のとおりである（抄訳）。

①フランスは一にして不可分の，非宗教的，民主的，社会的共和国である。フランスは全市民の法の前での平等を保障し，あらゆる信条を尊重する。
②共和国は，政教分離によって成り立っている。国家は，宗教的，精神的信念に関して中立であり，国教はもたない。
③非宗教性はすべての者に対して信仰の自由を保障する。各人は信じるも信じないも自由である。非宗教性は，他者の信条の尊重と公的秩序の範囲内において信条に関する表現の自由を可能とする。
④非宗教性は，各人の自由とすべての者の平等と友愛を両立させることで，市民権の行使を可能とする。
⑤共和国は，教育機関におけるこれらの原則の尊重を保障する。
⑥学校での非宗教性は，子どもたちに対して，人格を形成し，自由意志を行使し，市民権を学習するための環境を提供する。それは，彼らをあらゆる勧誘や圧力から保護する。
⑦非宗教性は，子どもたちに対して，共通の，かつ共有するひとつの文化へのアクセスを保障する。
⑧非宗教性は，共和国の価値の尊重と信条の多元主義を尊重する限り，子どもたちの表現の自由の行使を可能とする。
⑨非宗教性は，男女平等を保障し，他者を尊重し理解する文化を築く。
⑩非宗教性の意味と価値，その他の共和国の基本原則を子どもたち及びその保護者に伝達することはすべての教職員の義務である。
⑪教職員は，その職務の遂行において政治的，宗教的信条を表明してはならない。
⑫教育は非宗教的である。子どもたちに，世界観の多様性，学問の広がりと正確さに対する可能な限り客観的な寛容さを保障するために，いかなる主題も科学的および教育的問題提起から排除されてはならない。また，子どもたちは，教員が学習指導要領に従って授業を進めていくことに対して異議を唱えるために，宗教的あるいは政治的信条を引き合いに出すことはできない。
⑬いかなる者も，宗教的帰属を理由に共和国の学校で適用されている規則を拒否することはできない。
⑭学校の内規に定められる生活規則は，非宗教的でなくてはならない。これ見よがしにその宗教的属性を示す子どもたちの服装等は禁止されている。
⑮子どもたちは，学校内では非宗教性の維持に貢献しなければならない。

　ライシテの発想は，フランス共和国の形成のうえで不可欠の要素であり，学校におけるライシテ原則がこのように確認されたことは，「共和国の価値の共有」というフィヨン法以来重要視されてきた方針の具体化の一つといえる。では，

なぜ，この原則がそれほどまでに大切なのか。

7　共和国原理と寛容

「共和国」の発想においては，まず人々を，人種や民族，国籍などの「所属」，およびそれを基盤とした思想・信条などから「解放」し，あるいはそのことをいったん括弧に入れて，「ニュートラル」あるいは「抽象的」な個人としてとらえる。そのうえで，信仰などの私的領域に属することがらに対しては自由を保障し，政治などの公的領域に属することがらについては，人々の平等な参画を保障し，その連帯によって国を形成していこうとすることが「共和国原理」といわれるものである。したがって，フランス共和国は，少なくともこのような公私の峻別を前提としうるならば，すべての者に対して，その信条などにかかわりなく寛容に開かれているということになる。

そして，これはフランスの教育政策の基本でもある。つまり，学校教育は公的時間空間を構成するものであるから，生活空間における「所属」は校門のところでおいてこなければならない。すべての者に開かれた教育機会の平等は，この条件が満たされて成り立つとされている。そして，このような条件下での「学校」において，共和国を支える「市民」が育成されるととらえるのである。

8　イスラームの「スカーフ」問題

しかし，このような「所属」の排除に対して，個人の属性の重要性・問題性を突き付けたのが，1989年にフランス世論を二分することになった「イスラームのスカーフ事件」である。これは，学校内でイスラーム教徒の女子生徒がその宗教を象徴する「スカーフ」をつけたままでいることの是非をめぐる問題であった。スカーフを許容するのか，排除するのか。このような「事件」は毎年のように世論を騒がせることになった。

そこで，学校現場の混乱を解決するために，大統領直属の委員会が発足，2003年12月11日に報告書（委員長の名をとって「スタジ報告」という）が提出された。それをもとに国会の審議を経て，2004年3月15日，学校内での宗教的

標章（シンボル）の着用を禁止する法律が成立した。条文は次のとおりである。

> 　公立初等学校，コレージュ，リセにおいて，児童生徒が宗教的所属を目立つように（ostensiblement）表明する標章（signe）および服装の着用は禁止される。学校内規は，懲戒手続きの実施に先立って児童生徒との対話をおこなうことを求める。

　この法律は，ライシテの原則を明確化したものとして，国会においても圧倒的多数の賛成によって成立している。しかし，コンセイユ・デタ（国務院，最高行政裁判所）の判断（1989年11月27日）では，学校内での宗教的な標章の着用それ自体は，それが信仰の表明，表現の自由の行使を構成するかぎりで，ライシテの原則には抵触しないとしていた。その標章が禁止されるのは，たとえば，その着用が宗教的権利要求を目的としている場合，圧力，扇動，改宗勧誘または宣伝行為となっている場合，また，学校の秩序や教育活動を混乱させ，妨害している場合であるとされている。つまり，その着用によって示される目的や態度などが教育活動を妨げるほどの「これ見よがし」となっている場合に限られると判断されていた。

9　「スカーフ禁止法」の問題点

　ところが，この「スカーフ禁止法」では，標章そのものの是非を「これ見よがし」（目立つもの）であるかどうかという基準で判断しようとしている。頭を覆うイスラームのスカーフは，当然ながら「目立つ」。それゆえに，その着用の理由などは一切考慮されず，禁止の対象となってしまう。「目立たないように」髪の毛を覆う手段はないのだから，条文には明記されていなくとも，これがイスラームの「スカーフ」を禁止するための法律であることは明らかである。

　これに対しては，条文の後半で，子どもたちとの話し合いが前提とされているのだから，問題視するにはあたらないとの見解もあろう。では，何を根拠にその「話し合い」が始まるのだろうか。条文に従えば，目立っている何かを着用している子どもに対して，それに宗教的な意味合いがあるのかどうかを尋ね

ることにならざるを得ない。この行為自体が，思想・良心の自由を侵害しているおそれはないのだろうか。そして，何を話し合うのだろうか。

この法律の理念は承認しえたとしても，それは学校現場での実際の対応のあり方をいっそう課題の多いものにしてしまったのではないか。なお，2010年には，ニカブなどの禁止も法定された。しかし，イスラームの服装面をめぐる問題は毎年引き起こされ，解決などしていない。

10 障害児教育政策

このように，フランス「共和国」の「寛容さ」は，理念として普遍的な側面をもちながらも，いわゆるマイノリティの権利保障との現実的な対応関係をむずかしくする面ももっている。しかし，共和国が成り立つためには，フランスに住む全員の参画が不可欠であるという強い信念は，さまざまな教育政策の根底に流れている。

その一つとして，障害児教育制度の改革がある。2005年2月11日，「障害者の権利及び機会の平等，並びに参加及び市民権のための法律」が制定され，フランスの障害児教育制度は「原則統合」（学籍一元化）に向けて動き出すことになった。具体的には，子どもは，障害の有無にかかわらず，自宅に最も近い普通学校に学籍登録される制度となった。

この法律は学校教育のことだけを扱っているのではなく，障害者の生活全体を，市民としての「共通の権利へのアクセス」とその「アクセスの平等」という観点から問題としている。この理念は，法律の名称自体に書き込まれている。つまり，平等 (égalité)，参加 (participation)，市民性 (citoyenneté) である。

「平等」の原則は，公平性や社会的正義の概念として，「補償 (compensation)」の発想に結びつく。また，「参加」は，フランス共和国が人々の合意によって成り立つ政治的共同体であるかぎり，参加のための「アクセシビリティ (accessibilité)」の具体的方策がきわめて重要な課題となる。そして，「市民性」は，共和国を支える重要な概念であり，出生から死までの人生全体の視点から，すなわち，soins（看護）・école（学校）・formation（職業訓練）・emploi（雇用）・

logement（住居）・cité（街）といった観点から障害児・者への施策をとらえていこうとする，この法律の幅の広さそのものを表現している概念である。さらに，この三つを貫くものとして，「連帯（solidarité）」の観念がある。

なお，学校教育に絞れば，まずは，障害の有無にかかわらず，就学（学籍）を居住地に最も近い学校（公立または契約私立）としたことが大きな改革としてあげられる。そして，保護者からの要求により「個別就学計画 projet personnalisé de scolarisation」が策定されることになった。就学後のフォローも重視され，年一回以上，個別就学計画の実施状況が点検されることになっている。また，障害児の受け入れなどにかかわる教員養成・研修の見直しも進められ，さらには，学校生活補助員の職が創設され，学校内での介助にあたることになった。

11　学習リズムの改革

学力問題は，さまざまな教育改革が生み出されるきっかけとなるが，その問題の背景をどこにみるかによって，その性質も変わってくる。その点でフランスの特徴と思われる改革を紹介しておきたい。これは，「連帯」の保障という側面をもつ。

フランスの学校では価値に関する教育はおこなわない代わりに，日曜日のほかにもう一日休みにして子どもを家庭教育（徳育の場）に委ねるという発想をとってきた。しかし，週に2日の休みは土日の連休ではない。伝統的には水曜日（以前は木曜日）と日曜日を休みにしている。

なぜ，連休ではないのか。それは，連続して学校に通ってくることによる子どもたちの「疲労」が学習効率を悪くしているととらえているからである。週の真ん中に当たる水曜日を休みにし，子どもたちをなるべく疲れさせないようにしようと考えたわけである。土曜日は午前中で終わる。このような発想は「学習リズム」と呼ばれている。

なお，水曜日の午前中に授業をやり，土曜日を休みにし，あるいは，長い夏のバカンスを若干短くしたうえで水・土・日を休みにするという工夫も可能で

ある。年間の総授業時間が確保されれば，各学校・地域の実情などによっていくつかの一週間のつくり方が可能とされている。しかし，週4日制には否定的意見が多く，現在は4.5日となっている。登校日数というよりも，一日の学習時間の長さを解消すべきとの見方は強い。

　さて，学年暦に着目しても，同様の発想が確認できる。現在，ほぼ7週間勉強して2週間休むというリズム（「7-2リズム」と呼ばれる）を9月の新学年から翌年の6月末まで繰り返して，7～8月の夏のバカンスに入るというかたちになっている。これも，子どもたちが連続して学習すること，また教職員についても連続した勤務状態は疲労を増し，よい学習環境をつくれないとする考えから出てきた施策である。

　ところで，この「リズム政策」が社会的な排除に対する闘いとして構想されていることは忘れてはならない。つまり，経済格差などの厳しい生活環境のなかで学習に悪影響の出やすい階層の子どもたちに，どうすれば学びやすい環境を用意できるか，その結果としてこの政策が発想されているという点である。階層間の格差を厳しく問い，誰が疲労し，誰のリズムが問題になっているのか，子どもの環境を第一に考え，子どもを学校に合わせるのではなく，なるべく子どもの生活リズムに学校の時間を調整していこうとすることで，格差や差別の解消につなげていこうとしているのである。

　教育改革への動機として，たとえば学力の向上という点では，フランスと日本の関心は似ているといえる。しかし，そのためにとられる方策において大きなちがいがある。障害児のインクルージョンを制度化したり，こまめに休むことで子どもの疲労回復を図ったりというように。これは，学力問題を日本のように個人競争として位置づけるのではなく，社会連帯に結びつくものとしてとらえているからではないか。

　「連帯」とは，フランス革命期のスローガンでもあった。現実的な課題も多いものの，近代市民社会の政治原理が，実感を伴って受け継がれていることがフランスの教育改革の動きのなかにはみてとれる。

参考文献

フランス教育学会編『フランス教育の伝統と革新』大学教育出版，2009年

文部科学省『フランスの教育基本法―「2005年学校基本計画法」と「教育法典」』国立印刷局，2007年

小林順子編『21世紀を展望するフランス教育改革』東信堂，1997年

池田賢市『フランスの移民と学校教育』明石書房，2001年

園山大祐編著『学校選択のパラドックス―フランス学区制と教育の公正』勁草書房，2012年

中野裕二他『排外主義を問いなおす:フランスにおける排除・差別・参加』勁草書房，2015年

4 ドイツ

1 改革教育学（新教育）の時代

　近代から現代へと至るドイツは，ビスマルクによる統一後，帝政期（1871-1918），ワイマール共和国期（1918-33），ナチス期（1933-45）を経て，長い東西分裂ののちに再統一（1990）という，政治的激変の時代を経験した。これらの政治的変化の影響を受け，教育思想をはじめ教育制度や教育方法も変化した。

　19-20世紀転換期には，近代化の過程で19世紀末までに成立した教育方法や教育制度について，早くも改革を求める声があがった。とくに初等・中等教育や労働者を中心とする民衆層に対する教育の改革をめぐり，さまざまな思想や運動が展開された。それらを「改革教育学（新教育, Reformpädagogik）」と呼ぶ。その前ぶれとなったのが，19世紀後半の文化批判運動であった。ラガルド（P. d. Lagarde, 1827-91），ラングベーン（J. Langbehn, 1851-1907），ニーチェ（F. Nietzsche, 1844-1900）らが，教養市民層における古典的教養の「形骸化」を批判し，形式におさまらない「生」を求めた。芸術による教育を模範としたラングベーンの『教育者としてのレンブラント』（1890）は評判を呼んだ。

　文化批判運動と同様に，古典主義やブルジョア的価値を批判し，精神的に自由な生を求める若い世代から，1896年，ベルリン郊外のシュテークリッツでワンダーフォーゲルと呼ばれる運動が始められ，運動は拡大して青年運動と呼ばれた。彼らは親密な共同体をつくり，歌や詩や絵を創作した。それは「都会」や成人の支配する世界から離れて自由な「自然」「共同体」を求め，青年にふさわしい生を創造しようという生活様式の変革の試みであり，ニーチェの教養俗物批判に共鳴し，既存の社会的慣習を脱却しようとするロマン主義的運動だった。こうした新たな生を求める気運は改革教育運動にも結びついていくことになった。

2 芸術教育運動

　世紀転換期以後，急速に社会構造が変化するなかで人々は新たな生活様式を

求めた。青年運動に先立ち，近代教育の改革として最初に登場したのが，芸術教育運動だった。芸術教育運動は，19世紀後半に急速な工業化によって衰退した手工業の工芸様式の復権を求めたイギリスの美術工芸運動に影響され，国民的な芸術教育のための運動として展開し，芸術が人間の精神を豊かにして人類を調和へ導くというシラーの美的教育論の影響も受け，子どもに美的享受を実現させようとした。その領域は，絵画や音楽，児童書などにも及んだ。

　文化批判の意識を背景に，芸術は芸術家や教養ある人々だけのものではなく，人間の発達と形成に必要なものであるという考えを広めたのがアヴェナリウス（F. Avenarius, 1856-1923）であり，それを国民教育の領域に導入し，民衆層の子どもにとっても芸術教育が必要なのだという考えを浸透させていったのがリヒトヴァルク（A. Lichtwark, 1852-1914）だった。彼は民衆学校教員を経て1886年にハンブルク美術館長に就任し，子どもの鑑賞力のための講座を開くなど，国民の鑑賞力を高める教育を重視した。

　また，当時の民衆層の子どもたちに読まれていた通俗的な娯楽文学や，愛国心と信仰心を育てるための教訓物語の「芸術性」欠如を批判し，芸術的基準を満たす本を普及させようとした児童書運動が，ヴォルガスト（H. Wolgast, 1860-1920）らハンブルクの民衆学校教師を中心に広がった。

　1901～05年には，3回にわたる芸術教育会議が開かれ，教師らが造形美術，言語芸術，音楽と身体芸術というテーマで議論し，リヒトヴァルクは新しい教養の理想を宣言した。

　運動は，当時の社会主義運動や婦人運動など，これまで低い地位にあった人々の権利や新たな教養を求める社会運動とも関連していった。しかし，市民階級の上層の人々にまで影響を及ぼすことはむずかしかった。芸術教育運動は，社会運動であると同時に文化運動，精神運動としての性質をもち，芸術の一分野あるいは，一つの教科教育方法としての改革にとどまらず，教育全体の改革をも志向していた。運動にかかわった教員のなかには，教育方法や教科書の改善，さらには教員養成の問題に取り組む者もいた。こうした活動は統一学校運動にも結びついていった。芸術教育運動の理念は，子どもが本来もつ表現力や芸術

的な素質を大事にすることにあったので，自ずと子どもの活動や作業を重視する，のちの改革教育運動につながった。

3　実験的な新学校

　教育改革運動は，芸術教育にとどまらず，カリキュラムや教育方法改革にも及び，多数の実験的な新しい学校も生まれた。それらに共通していたのは，子どもの自発性を尊重し「作業」を中心とする教育という点である。新しい学校での改革教育運動は，世紀転換期に始まり，ワイマール期に全盛期を迎えた。

　リーツ（H. Lietz, 1868-1919）は，イギリスのアボッツホームの新学校で教職を経験したのち，ドイツに戻り1898年から3カ所に「田園教育舎」を，また1904年には「田園孤児舎」を設立し，中等教育の改革を試みた。彼は，道徳的に退廃した大都市や教育機能を失った現代の家庭から子どもたちを遠ざけることをめざした。そのために田園に寄宿生を受け入れ，家庭的な雰囲気のなかで教育者と生徒の親密な関係を築き，子どもが自由に活動できる生活空間をつくろうとした。作業をおこなうことが重視され，午前にランニングと知的教授，体操や唱歌，午後は身体活動や芸術活動，実際的な仕事，という日課が取り入れられた。

　青年運動のリーダーとしても知られるヴィネケン（G. Wyneken, 1875-1964）やゲヘープ（P. Geheeb, 1870-1961）も同様に共同生活を通じた教育をおこない，作業を通じて人間形成をめざす新しい学校づくりに取り組んだ。

　公立の実験学校である「生活共同体学校」も，改革教育運動のなかで生まれた。1919年にハンブルクで三校設立され，ベルリンやブレーメンなどに広がった。子どもの活動や教師の教育活動の自由がめざされ，両親もまた教育に参加する協同体として，生活に密着した教育がおこなわれた。

　ペーターゼン（P. Petersen, 1884-1952）は1920年から3年間ハンブルクの生活共同体学校リヒトヴァルク校を指導したのち大学で教育学を教え，1925年以後，イエナ大学附属学校で「イエナ・プラン」と呼ばれる新しい教育実践を始めた。彼は学校共同体において父母や教師の集団が共同意志をもち自治的に

教育実践をおこなうことをめざし，「基幹集団」と呼ばれる，子どもの発達に応じた異年齢集団での自己教育と作業など他者との集団活動を重視した。

ケルシェンシュタイナー（G. Kerschensteiner, 1854-1932）は，作業中心の教育を行うなかで子どもの知識修得をめざす「労作学校（作業学校，Arbeitsschule）」での労作教育の主導者として知られる。彼はペスタロッチの影響を受け，主著『労作学校の概念』(1912) などによって労作教育と公民教育の分野で改革を主張し，市学務官やミュンヒェン大学教授として教育制度改革にもかかわった。そこで重視されたのは，作業における子どもの自発性と客観性（Sachlichkeit）の両立と作業集団における秩序づくりの意義である。また彼は，国民教育の重要性を主張し，統一学校運動のイデオローグとしても活躍した。ガウディヒ（H. Gaudig, 1860-1923）も，自由精神作業と呼ばれる，作業を重視した学習方法をもちいた教育をおこなった。

シュタイナー（R. Steiner, 1861-1925）もまた，改革教育の主導者として知られている。彼は人智学と呼ばれる独自の思想による教育方法を提唱し，1919年以後，スイスやドイツ各地に「自由ヴァルドルフ学校」を設立した。エポック授業と呼ばれる長期にわたる授業，芸術教育における表現活動の重視，図画，工作，オイリュトミーと呼ばれる身体表現などに特徴がみられる。

これらの新しい教育の試みの多くは，「子どもから（vom Kinde aus）」をスローガンに，子どもの自主性を最大限に尊重し，活動を通じて人間形成を実現しようとしたという点に大きな特徴がある。本を読むことよりも作業が重視されたのもそのためである。こうした改革教育の思想はヨーロッパだけでなく世界各国と連動して生じており，同様の新しいカリキュラムを用いた教育は日本でも大正新教育運動として展開した。

4　ワイマール共和国時代の教育制度改革

1918年の十一月革命によってドイツ帝国は崩壊し，共和国の成立が宣言された。翌年1月の国政選挙によって，社会民主党（SPD），カトリックの中央党（ZP），民主党（DDP）の上位三党によるワイマール連合政府が成立した。社会

民主党は第一党だったが，この連立政権によって社会民主主義的な教育政策を貫徹することはむずかしく，1919年8月に制定されたワイマール憲法の教育条項は「学校妥協」と呼ばれた。そこでは芸術，学問およびその教授の自由，18歳までの義務教育実施と授業料無償，宗教教育における教育権者の意志の尊重，子どもの教育権を両親の義務かつ自然権とし，その実行を国家が監督することなどが定められたが，この条項には内容の矛盾や例外規程もあり，妥協の産物であったため，実際には規程どおりに実施されたわけではない。

　統一学校制度の成立も，ワイマール期の重要な教育制度改革である。宗派によって分離した学校制度への批判から，全児童が宗派や身分にかかわりなく共通に学べる学校制度への要求が高まり，統一学校として基礎学校が規定された。ワイマール政権成立以後，各地で教会による学校監督が廃止され，無宗教者への宗教教授の強制が禁じられて一段と世俗化が進んだほか，ギムナジウムへの進学者が通う予備学校は各地で廃止され，統一学校成立への下地となった。しかしワイマール連合政権では教育政策の合意はむずかしく，統一学校制度実現は難航した。SPDは平等な教育機会を提供する世俗的統一学校を求めていた。それに対し，宗派学校の維持をめざすZPのほか，プロテスタント保守派も反統一学校で一致しており，民衆層と分離した学校制度を維持したいDDPなどの教養市民層もこの点では同じだった。

　1920年に全国学校会議での審議を経て基礎学校法が成立し，統一学校は一応実現したが，完全に統一された教育課程が編成されたわけではなく，①8年間の国民学校ののち職業教育を伴う補習学校に進学するコースと，4年間の国民学校ののち②実科学校，③ギムナジウム，へ進学するコースの三分岐の学校制度となった。こうして成立したワイマール期の教育制度のもとで，改革教育運動もおこなわれた。

5　ナチス期の教育

　1933年に成立したヒトラー政権はワイマールの自由民主主義体制を否定する全体主義政権であり，教育行政もドイツ民族共同体を建設するための強制的

画一化政策として進められた。同年，公務員制度再建法によって，政権に好ましくない公務員が追放され，1934年に創設された帝国文部省が，全国の学校制度と社会教育組織を総括した。その政策には近代的な教育や改革教育を否定する面が多く，ドイツにおける教育の近代的発展は停滞していった。強制的画一化の教育政策からみると，一方ではユダヤ人が，他方では宗派や身分のちがいが，国民の同質性を妨げている，とされた。1933年にはユダヤ人と非アーリア人の教師は免職となり，1938年にはユダヤ人の子どもに対するドイツの学校からの退学や大学修学禁止，1942年にはユダヤ人の全学校閉鎖がおこなわれた。

初等教育についてみれば，ナチ政権は，ワイマール時代に教員らが取り組んでいた統一学校の実現と宗教教育問題を解決方向に導いた。1936年には予備学校を廃止し，すべての子どもを統一学校に通わせる法改正を行った。また1933年には，カトリック教会との宗派教育重視の協定を無力化し，1941年以後は14歳以上の生徒の宗教教育を打ち切った。子どもをすべてヒットラー・ユーゲントに編入し，ナチス体制に組み入れた。宗教教育の代わりに教練のような身体的訓練や優生思想を取り込んだ授業がおこなわれた。

6　分裂時代ドイツの教育と再統一

1945年5月，ドイツは連合国に敗れ米英仏ソ四カ国に分割占領されたのち，1949年には東西に分裂した。両国ともナチス体制の否定では共通していたが，まったく異なる教育政策をおこなっていた。

東ドイツ（ドイツ民主共和国，DDR）では，社会主義的平等と社会主義的人格形成が教育の目標とされた。国家と教会は厳しく分離され，宗教教育は排除された。1946年のドイツ学校民主化法によって，義務教育である8年制の統一学校の上に，3年制の職業学校と4年制の高等学校の二分岐制が確立した。1960年代初頭は社会主義体制の発展のため科学技術分野の充実が期待され，1970年代初頭までには職業訓練や職業的継続教育制度の発展や拡充がおこなわれた。

他方，自由民主主義に立脚する西ドイツ（ドイツ連邦共和国，BRD）では，ナチ体制下で教会勢力が弱められたことを考慮し，公立学校における教会の影響力を認め，1949年に成立した基本法（憲法）で宗教教育を保障した。また教育に関する立法権限は州（ラント）にあるとして，各州の自治的な教育政策を認めたが，1955年のデュッセルドルフ協定および1964年のハンブルク協定によって教育制度の統一化が進んだ。

西ドイツでは戦前の統一学校が廃止され，4年制の基礎学校（Grundschule），そして中等教育では，①卒業後に見習い制度に進むための5年制の基幹学校（Hauptschule），②卒業後に職業教育学校進学のための6年制の実科学校（Realschule），③大学か専門大学入学のための8年制ないし9年制のギムナジウム（Gymnasium）の三分岐制の枠組みは維持された。生徒の能力や適性に応じて進学先を決めるが，基本的にこの伝統的な垂直的三分岐型の学校制度は社会的地位の固定化につながるものであり，1960年代以後，教育機会の均等を損ねるとして批判され，1969年以降には総合制学校（Gesamtschule）が実験的に導入された。今日でも州によってその位置づけは異なり，意見の対立がある。

総合制学校導入のほかにも，西ドイツでは1960年代以後，全日就学義務の9年（一部では10年）への延長，オリエンテーション段階と呼ばれる第6学年修了までの観察期間ならびにギムナジウム上級段階の改革がおこなわれた。ギムナジウム進学者が増加し基幹学校への進学者が減少したため，中等学校（Sekundarschule）や地域学校（Regionalschule）など，基幹学校と実科学校を統合した形態の学校も設けられた。

東ドイツが崩壊し，事実上西ドイツに統合されるかたちで1990年に再統一されたのちは，旧東ドイツ各州に西ドイツ側のモデルの教育制度が導入されていった。今日の社会を特徴づける大衆社会化とグローバル化のいちじるしい進展は，新教育を含めた従来の教育学の想定を越えており，激しい変化のなかで子どもの教育環境をどのようにつくっていくのか，また移民や外国人労働者の増大に伴い生じる教育上の問題にどう対応するか，そして東西にみられる相違や格差をいかに乗り越えるかなどが課題となっている。

7　2000年代以後の教育改革：PISAショックと学校制度

　21世紀初頭以後のドイツの教育政策に多大な影響を与えたのが，2000年以来15歳を対象に3年ごとにOECD（経済協力開発機構）が実施している学力調査PISAの第1回調査の反響，いわゆる「PISAショック」である。「読解リテラシー」平均484点（参加31カ国中21位），「数学リテラシー」490点（20位），「科学リテラシー」487点（20位）という結果に対応をせまられ，子どもの発達や家庭環境に配慮しながら早くから保育環境を与える就学前教育の充実や，移民の背景をもつ子どものための学力・語学力問題への支援など，さまざまな改革が始められた。また，ドイツでは午後1時半頃までの半日学校が一般的であったが，家庭環境の相違を少なくするため，夕方まで子どもの居場所を確保し世話をする終日学校も導入された。とりわけ低学力層の学力向上のための改革は効果をあげた結果，2012年調査では，読解力をはじめ，各リテラシーの平均点も向上している。

　また，階層の再生産を生み出していた従来の三分岐型学校制度や，ほかのヨーロッパ諸国より1年長かった大学入試までの就学年数への改革も着手された。

参考文献
岩本俊郎・奥平康照・福田誠治・古沢常雄編『近代西洋教育史』国土社，1984年
デートレフ・ポイカート著，小野清美・田村栄子・原田一美訳『ワイマル共和国』名古屋大学出版会，1993年
増渕幸男『ナチズムと教育―ナチス教育政策の「原風景」―』東信堂，2004年
マックス・プランク教育研究所研究者グループ編　天野正治・木戸裕・長島啓記監訳『ドイツの教育のすべて』東信堂，2006年
天野正治・結城忠・別府昭郎編『ドイツの教育』東信堂，1998年
坂野慎二・藤田晃之編『海外の教育改革』放送大学，2015年

5 ロシア

1 ロシア革命とクルプスカヤの教育思想

　1917年10月のロシア革命は，労働者・農民が旧支配階級から権力を奪取し，世界最初の社会主義国建設に向かう道を切り開いたものであり，その成り行きとともに，この国での新しい教育制度や教育課程の整備に世界中から大きな関心が寄せられた。革命前のロシアは，帝政下の愚民政策のために農民の教育機会が限られており，男子の約70％，女子の約90％が読み書きができなかった。1906年当時，住民1000人に対する初等学校の生徒数は，先進国アメリカ210人，ドイツ160人に対し，ヨーロッパ・ロシアでは40人にとどまり，日本（明治39年）の100人と比べても半分以下である。

　「人民大衆が教育・光明・知識のうえでこれほどの収奪を受けている野蛮国は，ヨーロッパではロシアを除いてただの一つも残っていない」とレーニンは述べている（「教育省の政策について」1913）。

　革命後のロシアとソビエト連邦の教育政策は，共産党が作成する政策文書によってすべて定められた。共産党の前身である革命前のロシア社会民主主義労働党は，1903年の第2回党大会で承認された最初の党綱領のなかで，教育の民主化の方向性を示し，学校の教会からの分離，無償義務教育の導入ならびに児童労働の禁止を提案している。1917年6月には「党綱領検討のための資料」が発表されたが，このなかの学校教育に関する部分を作成したのはウラジーミル・レーニン（1870-1924）の妻ナデジュダ・クルプスカヤ（Н. К. Крупская, 1869-1939）だった。このなかでは，教育の民主化についてさらに踏み込み，16歳までの普通教育の義務化，児童生徒の食費，衣料ならびに文房具の無償化，教育の所管を国から地方へ移管すること，住民による教員の採用，学校の完全な世俗化，教育の総合技術教育化，教育を「子どもの社会的有用労働」と結びつけることなどが定められた。

　1917年10月にボリシェビキが政権を握ると，革命前から構想されてきた民主主義的学校の創設に向けた声明が発表されるが，「プロレタリアート」の階

級的性格が強調されるようになる。1918年以降は，共産主義思想の政治的プロパガンダに学校教育を活用することの意義を強調し，学校制度を根本的に変革するための政策文書が次々と発表される。

　1918年7月に制定された「ロシア社会主義連邦ソビエト共和国憲法」には，「知識を現実に得ることを勤労者に保障するために，ロシア社会主義連邦ソビエト共和国は，完全で全面的な無償の教育を労働者と貧農に与えることを自らの任務とする」(第17条)ことがうたわれている。さらに1918年9月には，「ロシア社会主義連邦ソビエト共和国統一労働学校に関する規定」が発布され，高等教育機関を除くすべての学校を「統一労働学校」（学校の名称は「ソビエト学校」）と呼ぶこととし，革命前の身分制に応じた複線型の学校制度を単線型に統合し，私立学校を全廃してすべて公立にする民主的な制度改革案を示した。統一労働学校は，第1段階（8～13歳の5年制）と第2段階（13～17歳の4年制）とし，6～8歳児を対象とする幼稚園を付設することとされた。第1・第2段階の教育は無償で，すべての学齢期の子どもに義務とし，男女共学で，宗教教育を禁止することも定められた。

　さらに「統一労働学校」における教育活動の実施については，生産労働を基盤とし，一般教養と体育，美育を重視した総合技術教育を特徴とすることのほかに，必修の授業の課題や宿題の禁止，学校におけるあらゆる罰の禁止，すべての試験の廃止，年齢別ではなく習熟度に応じたクラス分け，学校であたたかい給食を出すことや医師による健康診断を定期的におこなうことなどがすべての学校に義務づけられた。また，学校の自治組織として，全教職員，地域の代表，12歳以上の生徒と教育行政当局の代表により構成される「学校評議会」を設けることとされ，意思決定の方法などについても詳細な規定が示された。

　このようなロシア革命直後の社会主義教育の建設において，レーニンとともにクルプスカヤが果たした役割は大きい。クルプスカヤは，サンクトペテルブルクの出身で，革命的な雰囲気の家庭で育ち，ギムナジア卒業後に参加したマルクス主義のサークルでレーニンと出会う。1891～96年には成人労働者のための日曜夜間学校で働いていたが，1996年に煽動罪によって逮捕され，レー

ニンとシベリア流刑および国外亡命生活をともにした。こうしたなかで教育学の研究をはじめ，1915年にはマルクス主義の立場で書かれた最初の教育書とされる『国民教育と民主主義』を書き上げている。1917年の革命後は，中央教育行政機関である教育人民委員部の参与会委員や次官となって社会主義教育建設の最高指導者の一人となり，ソビエト教育学の構築と発展に重要な貢献をした。

クルプスカヤの教育研究は，まず資本主義社会の学校やブルジョア教育学の批判に向けられ，労働者階級の立場に立ってブルジョアジーの階級的教育を以下のように痛烈に批判した。

> 「ブルジョア国家においては，学校は広範な人民大衆を精神的に隷属化する道具である。……一言でいえば，国民学校の任務は，生徒たちにブルジョア的モラルをしみこませ，かれらの階級的自覚を麻痺させ，かれらを統治しやすい従順な群集にしたてることである。」
> 「そこでは，生徒たちは机におとなしく座り，教壇で教師が話すことを聞いていた―生きた現実とは極めて薄い関係しかもたない書物の知識のほかには何も教えず，生徒たちの個性は極力押さえつけられ，厳格な外面的規律によって，生徒たちは教えられる無数の知識をのみこむ何か機械みたいなものにされてしまっている。」（『国民教育と民主主義』）

このような機械的棒暗記中心で，試験による厳しい評価により自殺問題まで深刻化していた「詰め込み学校」に対して，クルプスカヤが対置したのは「労働学校」だった。クルプスカヤは，前者が後者に変わることの歴史的必然性を，マルクスの思想に学びながら追求した。

労働学校における社会主義教育の目的について，クルプスカヤは次のように述べている。

> 「意識的で組織的な社会的本能をもち，全一的なよく考えぬかれた世界観をもち，周囲の自然や社会生活のなかで生起するすべてのことをはっきり理解できる全面的に発達した人間の教育，肉体労働にも精神労働にも，あらゆる種類の労働に対して理論のうえでも実践のうえでも準備されており，合理的な，内容

> 豊かな，美しくて楽しい社会生活を建設することのできる人間の教育である。社会主義社会にはこのような人間が必要である。こういう人間がいなければ，社会主義は完全には実現しえない。」

　このような全面的に発達した人間の教育においてとくに重用視されたのは，総合技術教育である。この基盤となる総合技術主義（ポリテフニズム）の思想は，クルプスカヤが『国民教育と民主主義』のなかで明らかにしたように，17～18世紀にさかのぼる近代の古典的民主主義教育思想を受け継いでマルクスとエンゲルスが明確に打ち出したものである。それを現実の学校で実践する課題を最初に担ったのがソビエトの学校と教師であり，その実践の指導に最も重要な役割を果たした指導者の一人がクルプスカヤだった。ポリテフニズムとは何かについて，彼女は次のように規定している。

> 「ポリテフニズムというのは，技術をそのさまざまな形態において，その発展とそれのあらゆる媒介物のなかで研究することが基礎になった全き体系である。……ポリテフニズムは，何か特別の教科ではない。それは，あらゆる教科に浸透しなければならないものであり，物理でも化学でも，理科でも社会科でも，教材の選択に反映しなければならない。それら教科の相互の結びつき，それらと実践活動との結合，特にそれらと労働の教授との結合が必要である。このような結合のみが，労働の教授に総合技術的性格を与えることができる。」

　1921年からクルプスカヤは教育人民委員部国家学術評議会（略称グウス）科学・教育部門の長となり，ポリテフニズムを原理とするソビエト学校の教育課程基準の開発に取り組んだ。クルプスカヤらが開発した「自然と人間」「労働」「社会」を3本柱とする斬新な合科的カリキュラムは，「グウス・プログラム」と呼ばれた。季節に応じた労働や行事についてのテーマを設定し，観察や実験を重視したプロジェクト型の学習をおこない，試験による成績評価はおこなわず，プロジェクトの発表会が学習成果を示す場とされるなど，グウス・プログラムによる斬新な教育実践は，1920年代にソ連邦の教育を視察したジョン・デューイやセレスティン・フレネなど国際的新教育運動の担い手らから高く評

価された。だが，この教育課程の斬新な理念を理解したうえで効果的に実践をおこなうことができた教員は数少なく，1930年代のスターリンによる工業化政策の時代に入ると，後期中等教育機関や高等教育機関から学生の学力低下が指摘されるようになった。グウス・プログラムも批判され，1934年にはすべての学校に教科主義の教育課程が導入され，試験と厳密な成績評価制度が復活することになる。

クルプスカヤがソビエト教育の発展に果たしたもう一つの重要な業績は，ピオネール運動を中心とする子どもの課外活動，校外活動を通して，集団主義教育の理論づけをしたことである。ピオネール組織は，「新しい人間，すなわち，共同して生活し労働することができ，自分のことをみんなのことと切り離さない共産主義者，明晰な頭脳と情熱的な心と巧みな手と高度に発達した内面的規律をもった人間を育てる」と彼女は述べた。

児童運動においては，集団のなかで生活し，労働する能力を，子どもたちの自主性・創造性が十分に尊重され，彼らの心をひきつけ，興味を起こさせる活動のなかで育てることがめざされた。こうした児童運動と学校における学びとが結びつくことによって，教育と実生活との結びつきが真に可能となり，青少年の教育が，社会主義建設の重要な一翼を担うことができることをクルプスカヤは主張したのである。

2　マカレンコの集団主義教育論

ソビエトの集団主義教育は，日本ではクルプスカヤよりもマカレンコの名と結びつけて取り上げられることのほうが多い。アントン・マカレンコ（A. C. Макаренко 1888-1939）は，ウクライナの労働者の家庭に生まれた。マカレンコは都市学校およびそれに付設された1年間の教職課程を終えて，1905年に鉄道学校の教師となった。その鉄道学校は革命運動の一拠点であったため，彼はそこに集まる先進的な労働者や教師たちとともにこの運動に積極的に参加した。

マカレンコの教育思想の形成過程にもう一つの重要な影響を与えたのは，マ

クシム・ゴーリキー (1868-1936) の文学であった。マカレンコ自身にも文学的才能があり，いくつかの教育小説を書いているが，その間ゴーリキーとたびたび文通を交わし，楽天的な社会主義的ヒューマニズムの精神に大きな影響を受けた。

1914 年，マカレンコはウクライナのポルタワ師範学校に入学し，1917 年に金賞を授与されて卒業した。1920 年 9 月，浮浪児や法律違反者を収容する教育施設（労働コローニャ）の主任となった。のちにマクシム・ゴーリキーの名がつけられたこのコローニャで，マカレンコは，親や兄弟から見捨てられ，心のすさんだ少年たちをソビエト社会の立派な市民に育て上げる実践をおこなった。その 8 年間の教育経験は，彼の代表作『教育詩』(1933-35) に詳しく描かれている。

1927 年 6 月からマカレンコは，ウクライナ・ハリコフ市郊外の「ジェルジンスキー記念児童労働コムーナ」の創設に参加し，のちにその主任となって 1935 年まで同コムーナを管理した。ここでは，ソビエトで最初の写真機生産工場と電気ドリル工場を生徒の労働によって経営するなど，青少年の集団的教育と生産労働とを結びつける社会主義教育を実践した。この経験は，彼の作品『塔の上の旗』(1938) に描かれている。マカレンコは，1935 年 7 月からウクライナ共和国内務人民委員部労働コローニャ課長補佐となり，1937 年にはロシアのモスクワに移って文学活動や各地での講演等の社会教育活動に従事したが，1939 年病死した。

マカレンコは，「集団における，集団を通しての，集団のための教育」を理想的形式と考え，いわゆる集団主義の教育を主張した。集団主義は，個人主義に対峙するものであるが，全体主義と同じではない。全体主義は，個人の自由を否定するが，集団主義は，集団こそが個人の自由を保障するという立場をとる。マカレンコは，次のように述べている。

「私たちの規律の論理は，規律が個々の人格を，個々の人間をよりよく庇護された，より自由な状態におくということを主張する。規律が自由だということの逆説的な命題が，私たちのところでは，子どもたち自身によって容易に理解

されたし，実際の場面でも子どもたちはこの逆説を思い出し，そのたびにそれが正しいという確証を得た。」(『ソビエト学校教育の諸問題』1938)

マカレンコは，子どもに要求を出すことから集団づくりを始めているが，児童集団の発展には次の3つの段階を設定している。
① 教育者が組織者として児童集団の前に断固とした要求をもって立ち現れる段階
② 教育者の要求を支持するとともに，自分たちの要求を出すことのできるアクチーフ(積極分子)のグループが形成される段階
③ 教育者に代わって集団が教育の主体として要求を出す。集団に機関が確立され，伝統が根をおろし，集団が一定の調子とスタイルをもつ段階

「集団——それは組織されており，集団の機関をそなえている個人たちの目的志向的な複合体である。集団の組織があるところには，集団の機関があり，集団の代理者である全権委員の組織がある」とマカレンコは規定している。

このような集団づくりの理論は，戦後日本の生活指導運動に大きな影響を与えた。全国生活指導研究協議会の教師たちによって研究・実践された学級集団づくりや全校集団づくりは，マカレンコの集団組織論から学ぶところが多かった。

3 世界に「スプートニク・ショック」をもたらしたソ連の教育

1957年のソ連による人工衛星スプートニク1号の打ち上げ成功は，先進諸国に「スプートニク・ショック」をもたらし，アメリカでは1958年に「国家防衛教育法」が採択され，数学と科学の教育内容現代化の取り組みが始まる。欧米や日本の比較教育学界においてソ連への関心が高まるのもこの頃である。1917年の革命当時には非識字者が約1億人もいたといわれるソ連において，わずか40年の間に非識字問題を解決し，科学・技術において目覚ましい発展を遂げたことは，ソ連が築いてきた社会主義教育の成果とみなされたのである。

ヨシフ・スターリン(1878-1953)の政権下で1934年からすべての学校に導入

された画一的教育課程基準は，教科構成と週当たり授業時間，単元ごとの授業計画，課題と時間配分まで細かく定めた教科別の教授要目を含み，教科書もこれに従って作成され，1980年代までほとんど改訂されることのない教科もあった。これにより初等中等普通教育制度が画一化されたことによって，高等教育人口が拡大し，ソ連社会に必要な人材養成に貢献しただけでなく，ナチス・ドイツにも勝利を収めることのできる強力な軍隊の形成に寄与した。

　だが，世界がスプートニク・ショックでソ連の科学・技術の水準の高さに震撼して教育改革に取り組み始めたちょうどその頃，スターリン亡きあとにソ連邦共産党書記長の座につき，1956年のソ連邦共産党第20回党大会においてスターリン批判をおこなったニキータ・フルシチョフ（1894-1971）は，「ポリテフニズム」の名のもとに，労働教育の強化をおこなおうとした。これは第二次世界大戦の被害とスターリン体制下の粛清に伴う当時の人材不足の問題を解決することがねらいで，学校での教科学習と工場や農場での生産労働の経験を結びつけることが奨励された。また，高等教育機関への進学の際，一定期間の生産労働の実務経験が入学要件とされるようになった。こうしたことは，当然のことながら学力低下につながり，科学・技術系の教育課程の水準を高めようとする科学者から批判の声があがった。このため，普通教育科目の教育内容・教材の分量や労働教育の位置づけと時間数は，以後たびたび改訂しなければならなくなる。また，英才児のための特別学校の設立を求める科学者からの要請に応じ，1960年代には，ノボシビルスク大学，モスクワ大学，レニングラード大学，キエフ大学に寄宿制の物理・数学特別学校が開設された。

　学校教育制度や教育課程の試行錯誤の末，1984年には，コンスタンティン・チェルネンコ（1911-1985）の政権下で，21世紀に向けた社会主義教育のあり方を問い，後期中等教育までを義務化し，中等普通教育学校においてすべての生徒に職業教育を必修とする大規模な教育改革案が発表された。これによって，進学に必要な学力がないために従来であれば前期中等教育修了後は単純労働者として就職していたような層にも後期中等教育段階まで教育を継続し，卒業させることが必要になり，教師の負担が増大した。子どもたちへの教育の過重負

担，厳しすぎる教師の指導，難解な教材，教育内容の重複や形式主義も問題となった。また1978-89年のソ連軍のアフガニスタン侵攻により軍事費がかさむなか，学校の建物や設備の修繕ならびに教員の人件費にあてる予算が削減され，学校環境は劣悪な状態のまま放置された。「教育の平等化」を標榜したチェルネンコ教育改革は，1980年代後半のペレストロイカ政策により否定され，ほとんど実施に移されることなく頓挫した。

4　ソ連における教育のペレストロイカと「協働の教育学」運動

　1980年代後半にミハイル・ゴルバチョフ（1931-）がソ連邦共産党書記長として始めたペレストロイカ（根本的改革）は，米ソの冷戦構造を終焉に導き，東欧諸国の劇的な政変を引き起こすなど，国際関係の上では世界史的にも画期的な成果をあげた。しかし，国内的には経済改革の行き詰まりをはじめとして数々の困難に直面し，ソ連邦解体という事態を招いた。ソビエト社会主義経済を市場経済へと転換させる経済の大改革をはじめ，政治，教育，文化など社会のあらゆる分野を刷新しようとする試みは，保守派から強い抵抗にあい，生産の停滞，流通の麻痺，物価の急上昇といった経済事情の悪化により労働運動の激化や民族紛争を招き，1991年8月にはクーデター，そして同年末のソ連邦解体という未曾有の激変を引き起こした。

　教育の分野においては，チェルノブイリ原発事故を契機に1986年から進められたグラスノスチ（情報公開）により教育現場のかかえるさまざまな矛盾や施設・設備の不備などの問題が露呈した。教員組合の機関誌である『教員新聞』が中心となって，それまでの教育の画一性，官僚主義，権威主義，中央集権主義を批判し，「民主化，人間化，個別化，多様化，自治，民族文化や地域の文化的伝統の尊重」といったことが強調された。『教員新聞』は，ソ連各地で生徒を一人も落第させない創意工夫に溢れた授業をおこなっていることで有名な初等中等教員に光をあて，教師と生徒の関係，学校と家庭や地域との関係を対等なものとし，「協働」をキーワードに子どものための学校づくりを提案する「協働の教育学」運動を展開した。

こうした動きを反映して，ソ連邦共産党中央委員会も 1988 年から「民主化」「多様化」「人間化」「自主性の拡大」「個性の発達」を主要な原則とした，生涯にわたる教育システム全体のペレストロイカに本格的に取り組みはじめ，中央教育行政機の改革や新しい教育課程基準の開発などに着手した。

1990 年にはソ連邦憲法が改正され，複数政党制や大統領制が導入された。「国民教育基本法」も改正作業がおこなわれ，マルクス・レーニン主義に基づく教育の理念や共産主義教育の諸原則を排除し，人道主義と民主主義の理念を前面に出した改正法案が作成されたが，ソ連邦の消滅までについに法律として成立することはなかった。その民主的な精神は，ロシアをはじめとする連邦構成共和国独立後の新しい教育関係の法令のなかに受け継がれていった。

5　新生ロシア連邦の教育改革

ソ連消滅により独立国家となったロシア連邦の初代大統領ボリス・エリツィン（1931-2007）は，教育改革を最優先課題とし，教育の民主化に取り組み，1992 年 7 月にはロシア連邦法「教育について」を発布した。私立学校を正式に制度化し，教育課程基準を最低限の到達目標のみ定める「全国教育スタンダード」として弾力化することによって，国公立学校の多様化も推進し，革新的教育実践をおこなう学校が急増した。その一方で，英米をモデルとして教育行財政の地方分権化を進め，学校選択制の自由化による競争原理の導入など，新自由主義的教育改革の手法を積極的に導入した。また，1996 年から中等教育修了時に卒業試験として「統一国家試験」（略称ЕГЭ）を実施し，大学がこの成績を入学者選抜に用いることもできるようになった。

だが，当初から混乱していたロシア経済はついに 1990 年代末には深刻な経済危機に直面した。学校教育においては地域間，学校間の格差が増大し，教員給与の遅配が続き，転職する教員が相次いだ。

1999 年の大晦日，エリツィンの突然の辞任に伴い，ウラジーミル・プーチンが大統領代行となり，翌 2000 年 3 月の大統領選挙に当選して第二代大統領に就任した。プーチンはエリツィン政権下の 1990 年代を「失われた 10 年」と

批判し，ソ連時代の教育と科学の成果を再評価し，再集権化によって大国ロシアを蘇らせることをめざした。2000年10月には「ロシア連邦の国家教育ドクトリン」(2000年10月4日付ロシア連邦政府決定第751号承認)が発表された。この「ドクトリン」は，1990年代の教育改革の方向を軌道修正し，2025年までに，「教育，文化，芸術，科学，高度テクノロジーおよび経済の領域における偉大な国家としての世界共同体におけるロシアの地位の確立」，「ロシアの統一的教育空間の維持と発展」による「国家の安全保障」の維持を達成することが目標とされた。さらに，2001年12月にはロシア連邦教育省が作成した「ロシア連邦の教育の現代化に関する基本構想」がロシア連邦首相決定によって承認され，2010年までの教育改革の具体的目標が定められた。

初等中等普通教育に関しては，次のような改革がおこなわれた。

①就学前教育に対する連邦予算を増額し，私費負担の増大により就学前教育を受けられない幼児を少なくする

②教科書検定制度の強化などによる教育内容の改善

③公立初等中等普通教育学校の人件費とそのほかの教育費に対する予算措置を，2003年から市町村から連邦構成主体(州，地方，共和国など)に移管することによる学校財政の改善

④新しいタイプの学校の管理運営組織をすべての学校に導入し，学校の卒業生，地方政府の代表，雇用者，生徒の父母をメンバーとする「学校理事会」を設置し，教育課程，課外活動，給食，学校安全，教員や校長の人事などについて審議・決定する

⑤すべての学校の図書館に，コンピュータとマルチメディアを配備し，インターネットへの接続を進め，都市部の学校だけでなく農村地域の学校のIT環境を充実させる

また，高等教育に関しては，2003年から欧州統一高等教育圏の構築をめざす「ボローニャ・プロセス」に参加し，従来の5年制の専門家養成課程と並行して，3〜4年制の学士課程(バカラブリアータ)を第1段階，1〜2年制の修士課程(マギストラトゥーラ)を第2段階とする学位取得課程が導入されることに

なった。

　2008年5月にドミートリー・メドベージェフ (1965-) が大統領に就任すると，プーチンを首相とする双頭政治体制の下で，ロシアの国際競争力を高めることを目的とする人材養成にさらなる力が注がれた。1990年代に私立大学が急増し，高等教育人口が拡大したために高等教育の質の低下が指摘されるようになり，質の改善のために，2010年から大学の廃止・統合を含む再編が進められた。連邦政府はセンター・オブ・エクセレンスとしての主要大学を定期的に選定し，財政面，法律面で優遇し，独自の教育スタンダードを導入する権利を与えるようになった。「主要大学」には，「連邦大学」と「ナショナル大学」がある。主要大学以外の大学については，設置基準も厳格化し，大学数を削減していくとともに，世界大学ランキングにおけるロシアの主要大学の順位を上げることが課題とされた。

　さらに2012年から再び大統領に返り咲いたプーチンのもとで，同年12月に新しい連邦教育法が公布され，「2013～2020年ロシア連邦国家プログラム"教育発展"」に従い，生涯にわたる質の高い教育システムの構築へ向けた教育改革が導入された。これと並行して，多民族・多宗教国家の統治のために愛国教育が強化され，歴史や文学の教科書の国定化や国家統一の青少年団体の組織など反動的な教育改革も検討されている。

参考文献
川野辺敏監修『ロシアの教育・過去と未来』新読書社，1996年
川野辺敏監修『資料ロシアの教育・課題と展望』新読書社，1996年
川野辺敏他編『現代に生きる教育思想6　ロシア・ソビエト』ぎょうせい，1981年
柴田義松他編『資料ソビエト教育学』新読書社，1976年
柴田義松『ソビエトの教授理論』明治図書，1982年
『クルプスカヤ選集』（全10巻）明治図書，1969～78年
『マカレンコ全集』（全8巻）明治図書，1964～65年
柴田義松・斉藤利彦編著『近現代教育史』学文社，2000年
二宮皓編『新版・世界の学校―教育制度から日常の学校風景まで』学事出版，2014年

6 中国

　第2章第6節「中国の公教育制度の成立と教育思想」では，南京国民政府期に，とくに初等教育の普及に力が入れられていたとみられることや，公教育が広く浸透しつつあったことを指摘した。

　とはいえ，1920年代の識字率は，おおむね20～25％ほどと推計されており，その背景に，1929年時点で17％にとどまっていた低い小学校就学率があったことを無視することはできない。こうした状況下で，南京国民政府は，教育機関・教育経費の拡充に努めたり，さらには1935年には教育部により識字率向上のために漢字の簡体字が制定・試行されたりもした。

1　学校教育の不完全さを補う役割―社会教育の展開―
　①平民教育／職業教育

　上記のほかに，1920年代半ばから平民教育や職業教育が農村へ展開されるようになった。平民教育は，教育を受ける機会が得られなかった成人に対する識字を中心とする教育であった。識字教育から着手し，衛生教育や生計教育などを施し，これにより農村生活の改善・安定がめざされた。平民教育促進会や中華職業教育社のような団体が中心となり，その普及が図られた。

　②郷村教育運動

　また，郷村教育運動も展開した。郷村教育運動は，1927年に陶行知（1891-1946）により南京近郊に開設された暁荘師範学校において実践的に始まった。陶は，生活教育を提唱し，教えることと学ぶこととは実践的な活動を通じて結びつけられなければならないと論じ，「教学合一」を説いた。民間に深く入り込み，農民とともに生活し，農村の現実をもとにして教学の合一をおこなう。これを実践し，郷村建設にあたる人材を養成するため，暁荘師範学校は開設された。

　国民の大多数は農民であり，学校教育が十分に行き届いていない状況のなか，そうした陶の郷村教育指導と生活に即した学校経営は大きな反響を呼んだ。学

校教育が農民の日常生活から離れたもので，学校教育を形式的なものとみる人々からすれば，なおさらであった。暁荘師範学校は1930年に閉鎖を余儀なくされたが，こうした郷村師範学校は数年の間に江蘇，浙江の各省の至るところに設立された。

このほかにも，1931年に梁漱溟(1893-1988)が山東省鄒平県に山東郷村建設研究院を開設した。郷村建設研究部と郷村服務人員訓練部が設置され，前者研究部では郷村建設運動の理論と実際や山東省各地方における郷村建設案などの各研究がおこなわれ，後者訓練部では実地服務の精神の陶冶やさまざまな問題解決のための知識の涵養および対処法の指導がおこなわれた。

また，施設として郷農学校があり，6項目にわたる教育活動がおこなわれた。第一にアヘン吸飲を禁止する戒烟会や風俗改良会などによる精神教育活動，第二に識字班や新聞閲覧所などの語文教育活動，第三に農業の拡張や造林，あるいは井戸掘りなど共同して作業する生計教育活動，第四に時事報告や家庭改良の設計などの公民教育運動，第五に国技や軍事教練，あるいは清潔運動などの健康教育運動，第六に明月会や談心会，あるいは新年同楽会などの休閑教育運動であった。

梁は，郷村行政組織を「村公所」や「郷公所」ではなく「村学」や「郷学」と呼んだ。郷村全体を指導・教育の機関ととらえ，指導・教育を通じて農民の自覚を促し，郷村内部の自覚を中国社会の安定につなげようとしたのである。

③解放区における社会教育

1938年に毛沢東(1893-1976)は6中全会で演説した。そこでは，民衆教育を発展させるため，各種補習学校・識字運動・戯劇運動・体育運動を組織化し，敵の周辺に各種の通俗新聞を置くようにし，人民の民族文化と民族意識を高めることが提唱された。中国共産党は，非識字者をなくして民族意識を強め，政治文化の水準を高めることを重要視した。

また，毛は，同じ6中全会で「民弁公助」を指示した。それは冬学・民校を設置することであり，これらは大衆が組織・管理し，人民政権が指導・援助する教育機関であった。冬学は冬期農閑期(11～3月)を利用して農民を教育する

教育機関であった。民校は冬学を除く民衆教育機関であった。こうした学校では，政治，生産，文化などが教授され，文化的・娯楽的活動が指導された。

　かたや学校教育の普及が進められていたのも確かではあるが，その不完全さは明白であり，ここでみたような平民教育や職業教育，あるいは郷村教育運動，さらには解放区の社会教育などが学校教育の不完全さを補う役割を果たしていたとみられる。

2　中華人民共和国成立以降の教育改革

　建国直後の1949年10月に第1次全国教育工作会議が開かれた。この会議では，「教育は国家建設に奉仕し，学校は労働者・農民に対して門戸を開かねばならない」という新教育方針が示された。

　1951年10月に政務院は「学制改革に関する決定」を公布した。小学校は5年一貫制とされ，入学年齢の基準は7歳とされた。ソ連の学校制度の影響を受けたものであった。

　すでに第6章第2節でみたように，従前の中国の小学校は6年制で，これが初級と高級の2段階に分かれており，入学年齢は6歳であった。2段階制の小学校は労働者・農民の子弟に完全な初等教育を受けさせるうえで不利であるとみられ，5年一貫制に改められたのである。しかし，農村では実施の条件が整わず5年一貫制は実施されなかった。

　この学制では，労働者・農民のための学校，各種補習学校，訓練クラスのような教育機関の設置が強調された。働きながら余暇の時間や農閑期に学習をおこなわせる教育を重視していたソ連の経験に学んだ結果であった。いわゆる業余教育である。

　1953～57年の第1次5カ年計画期には，1200人あまりのソ連人専門家が教育改革のために中国を訪れ，いっぽうで年間2000人を超える留学生がソ連を中心とする社会主義国へ派遣された。また，ロシア語の速成学習やソ連の科学書・教材の翻訳が積極的に進められた。「ソ連に学べ」の風潮が強い時期であった。ソ連に倣い所有制の社会主義的改造と計画経済体制の基礎が固められ，

強い中央集権制による人材養成計画も企図された。

　しかし，この時期の末期となると，農村では，所有制改造により一応の経済的自立が得られた農民の間に学習・進学要求の高まりが起こり，政府の学校建設に満足できない者が現れるようになった。そのなかから自ら学校を創設しはじめる者が現れるようになり，彼らの学校は民営学校と呼ばれた。かつて解放区でみられた民学との共通性が指摘されている（細谷他編，1990）。他方で「節約に勤め，学校を運営する」というスローガンが唱えられ，学校では「勤工倹学」が実施されはじめた。「勤工倹学」は，児童生徒が生産労働に従事し，その利益を学校運営の経費の一部に充てるというものであった。

　「ソ連一辺倒」の方式から距離をおき，中国独自の社会主義建設路線が模索されはじめたことが民営学校の創設や「勤工倹学」の実施に表現されているといえる。

　1958〜59年のいわゆる「大躍進」の時期には，「半労半学学校」や「業余学校」が量的に拡張した。「半労半学学校」は働きながら学ぶ学校であり，「業余学校」は仕事の余暇に学ぶ学校であった。また，農業の協同化に伴う婦人の生産労働への動員を可能にするため，幼児教育も拡張した。この時期には，こうした教育機関の量が増大したが，その増大に質がついていけなかったことも指摘されている（同上）。

　1959年からの3年連続の自然災害による農業への打撃や，中ソ関係の冷却化によるソ連からの援助の停頓は，経済的な困難をもたらした。このため，「大躍進」政策は見直され，1961〜63年には，経済調整が図られた。「経済調整」の時期には，それまでの量的拡張が抑制され，一転して質的向上が目指されるようになった。たとえば，少数の「重点学校」が設定され，これにより集中的に質の向上が図られることとなり，エリート校が出現することとなった。エリート校の出現は，肉体労働や労働大衆を軽視する風潮や「立身出世主義」的な見方を蔓延させることとなり，上級学校への進学率の高さを追い求める学校を出現させることになったという指摘もある（同上）。

　1966年に始まった文化大革命の時期には，試験によらず大衆の推薦で大学

入学者を選抜するなど，従来の常識や慣行を覆す制度・内容・方法上の変化が見られた。文化大革命は，青少年の学力低下，風紀の乱れ，秩序の崩壊など多大な混乱をもたらした。

3　改革開放以降の教育改革

　鄧小平 (1904-1997) は，1978年3月に「全国科学大会開幕式での講和」において「20世紀中に農業，工業，国防および科学技術の現代化を全面的に実現し，われわれの国家を社会主義の現代化強国に建設することは中国の人民が担う偉大な歴史的使命である」とし，「4つの現代化については，その鍵は科学技術の現代化にある」と述べた。前年の1977年5月には「知識尊重，人材尊重の談話」において「われわれは現代化を実現しなければならず，その鍵は科学技術の向上にある。科学技術の発展は教育を重視しなければ叶えられない」と指摘していた。

　教育改革は，高等教育で先行した。文化大革命中は停止されていた統一大学入試が1977年に再開された。また，大学院が復活し学位制度が創設されたし，重点大学が指定された。さらに，単位制が導入され，選択科目が開設された。

　統一大学入試が再開された1977年には，570万人の受験者があった。入学が許可されたのは，そのわずか4.7％にあたる27万3000人であった。その後，入学定員は年々増やされ，1985年には60万人を超えたが，大学生は超エリートだった。受験競争が激しさを増したのに対し，統一入試に先立ち省別に予備選抜を実施したり応募資格を厳しめに設定したりするなど受験生を絞る措置がとられた。

　高等教育の改革に比べると，初等および中等の教育改革は初めのうちは手薄であったとみられる。しかし，経済の活性化を狙った農業生産の戸別責任制が導入されたことにより，労働の担い手となり得る子どもたちの退学が目立つようになり，識字率の低下が不安視された。1980年代に入ると，基礎教育を充実させることの重要性が認識されるようになった。

　1985年に中国共産党中央，国務院は北京で第1回全国教育工作会議を開催

した。「教育体制改革に関する決定」が公布され，9年制の義務教育を実施することや，基礎教育は地方が責任を分担することなど改革の方向性が示された。1986年に「中華人民共和国義務教育法」が施行され，初等教育の小学校と前期中等教育の初級中学の計9年間が義務教育段階となった。

1993年に中国共産党中央，国務院は「中国教育改革・発展要綱」を公布し，「小中学校では受験準備教育から全面的に国民の素質を高める方向へと転換し，児童・生徒全体に目を向けて，全面的に児童・生徒の道徳思想，文化科学，労働技術および身体，心理的素質を高め，児童・生徒生活の活発な発展を促し，独自の特色を見出さなければならない」と明記され，いわゆる「素質教育」の推進が提起された。

現行の中国の学校系統図をみるとわかるように，小学校では5年制と6年制が並存してきた（巻末資料・各国の学校系統図(8)参照）。2009年の時点で223万4016人が5年制で学んでいる。これは小学生全体のわずか2.2％であり，5年制は減少の一途をたどっているといえる（馬越・大塚編，2013）。

中等教育段階では，前期の初級中学と後期の高級中学に分かれている。初級も高級も修業年限は3年間であるが，初級中学には4年制もみられる。2009年の時点で在籍者数は全体のわずか3.9％である。小学校で5年制が実施される場合には，この4年制が実施されている。

後期中等教育段階には，高級中学のほか，職業技術教育を目的とした中等専門学校・技術労働者学校・職業中学がある。中等専門学校の修業年限は一般に4年間である。小学校・幼稚園の教員を養成する中等師範学校や，工業／農業／林業／医・薬など各種の中等技術学校がある。技術労働者学校の修業年限は3年間である。中級の技術労働者を養成する学校である。職業中学の修業年限は2〜3年間である。職業教育が実施されるが，中等専門学校や技術労働者学校に比べて専門性は低い。

高等教育段階には，総合大学・単科大学があり，本科4〜5年制が主に設置されるが，専科2〜3年制が併置される場合もある。

中国の特色は，仕事の余暇を利用して働きながら学ぶ教育機関が数多く存在

することである。学校教育を受ける機会が得られなかった人々の教育を保障する機会が系統化されている。社会教育，労農教育，成人教育と展開しているとみられる当該系統の今後の改革も注目される。

参考文献
「中国の教育」細谷俊夫・奥田真丈・河野重男・今野喜清編『新教育学大事典』第5巻，第一法規出版，1990年
佐藤尚子・大林正昭編『日中比較教育史』春風社，2002年
顧明遠／大塚豊監訳『中国教育の文化的基盤』東信堂，2009年
高田幸男「第6章　近代教育と社会変容」飯島渉・久保亨・村田雄二郎編『シリーズ20世紀中国史』第2巻所収，東京大学出版会，2009年
石川禎浩『革命とナショナリズム1925-1945』岩波書店，2010年
「中国の教育」日本比較教育学会編『比較教育学事典』東信堂，2012年
馬越徹・大塚豊編『アジアの中等教育改革—グローバル化への対応』東信堂，2013年

第4章 近代日本教育制度の成立

1 江戸時代

　厳格な身分制度が存在する江戸時代の教育については，上層階級のみではなく庶民にまで普及していたことが大きな特徴となる。17世紀頃の日本の識字率は世界有数であり，当時のフランスやイギリスに比してもはるかに高かった。ペリーも来航した際に，日本人の庶民の多くが読み書きできるのを目の当たりにして驚いたという逸話もある。近世，日本の識字率が高い値を示した理由の一つに，江戸期になり木版印刷の技術が発達し，出版物が増刷できるようになった背景がある。これにより，庶民も書物を手に入れやすくなった。また，江戸幕府や武家の領主は法令や命令を「触書」などの文書によって庶民に提示した。庶民も陳情，訴状など，上への申告は文書でおこなわなければならなかった。こうした仕組みを維持するためにも，江戸幕府は庶民に対し，読み書きの習得を促す必要があった。

　庶民にまで普及した江戸時代の教育ではあるが，「士農工商」に表される封建制が徹底されたこの時代，その教育をおこなう施設については，階層によって区別されるのが一般であった。

　武士の教育施設には，藩校（藩学）がある。林羅山は，1607年に将軍徳川家康の侍講となり，儒学（朱子学）を教授した。羅山は，著書『春鑑抄』（1629年）に「天ハ尊ク地ハ卑シ。天ハ高ク地ハ低シ。上下ノ差別アルゴトク，人ニモ又君ハタフトク，臣ハイヤシキゾ」と説いたが，こうした思想は幕府の封建制の思想と合致した。それゆえ，幕府は儒学（朱子学）を推奨し，のちに幕府の正学とした。1630年に徳川家康より賜った上野忍岡の屋敷に，羅山は林家の家

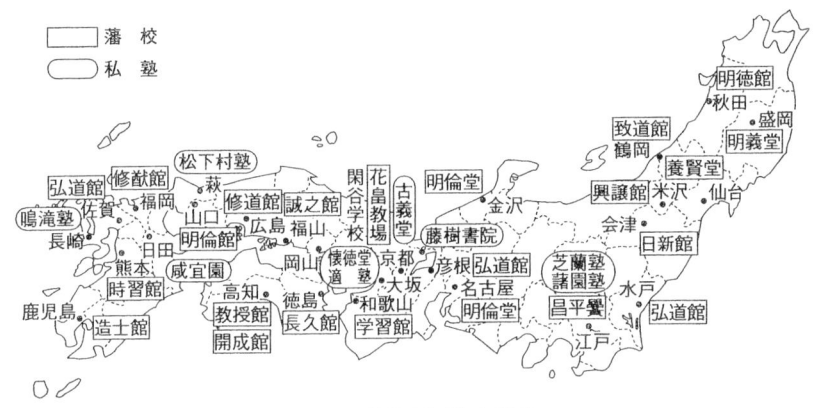

図4-1 藩校（藩学）と私塾

塾を開設。この家塾は，のちに神田台湯島に移転し，江戸幕府直轄の「昌平黌」（「昌平坂学問所」）となる。徳川綱吉や新井白石も学んだ「昌平黌」は，以後，全国に 270 余りある藩の大部分に設置された藩校（藩学）のモデルとなる。

藩校（藩学）では，幕府の正学である儒学を中心に国学や兵学などを学ぶとともに，剣術，鎗術，弓術などの武術の鍛錬もおこなわれた。文武両道が実践され，治者たる武士としての教養や資質，自覚を身につけることがめざされた。

著名な藩校としては，萩に置かれた長州藩「明倫館」，尾張藩「明倫堂」，水戸藩「弘道館」，熊本「時習館」，米沢「興譲館」，薩摩藩「造士館」，秋田藩「明徳館」，会津藩「日新館」などがある（図4-1参照）。

一方，庶民のための教育施設としては寺子屋がある。「寺子屋」とは主に上方での呼称で，江戸では「手習指南所」「手跡指南」などと呼ばれることが多かった。寺子屋の起源は中世末期頃，寺において僧侶が寺子に教えを説いたのが始まりとされている。『江戸時代の教育』（1970年）の著者 R. ドーアの推計によると，当時の日本の就学率は全体で 26.7％，男児 43％，女児 10％ほどであった。

寺子屋の師匠は，僧侶，神官，武士，浪人，庄屋，名主や組頭などの村役人やその隠居，上層農民，町人などである。生徒は 5，6 歳以上の子どもたちが

20〜30人程集まって3〜7年就学する場合のほか，形態はさまざまであった。

　寺子屋では読み，書き，そろばんを始めとする実学が主に学ばれた。最初に「手習い」として「いろは」を習い，その後，十干十二支・方角などの日常用語，家業に直結する語彙や知識，歴史や古典の教養，地理，理数などを幅広く学び素養を身につけた。

　寺子屋で用いられた教科書には「往来物」がある。「往来物」とは，元来，往復の消息文（書簡）のことであり，手紙の文例集であった。寺子屋で使用された「往来物」には，中世に武士の教科書としても使用された『庭訓往来』のほか，身分や家業に則した『商売往来』『百姓往来』，女子用の『女庭訓従来』などがあり，実生活で役立つ内容となっている。

　そのほか，近世における重要な教育施設には郷学（郷校）がある。郷学は，いわば藩校と寺子屋の中間に位置する教育施設で，藩主が設置したもの，庶民が経営するもの，武家の領主と庶民の有力者が共同で開設したものなどがあり，武家の子弟や庶民が共学する場合もあった。主に青年層が就学し，寺子屋よりも程度の高い内容が教えられた。有名なものに1666年に岡山藩主池田光政により開設された閑谷黌（閑谷学校）などがある。

　また，江戸時代には私塾や家塾も数多く登場する。1641年には中江藤樹が家塾「藤樹書院」を設立した。藤樹は陽明学派の開祖ともいわれる人物で，著書に『翁問答』がある。1662年には古学派の伊藤仁斎が京都に「古義堂」を開いた。「古義堂」は，設置した場所が京都堀川だったことから「堀川塾」とも呼ばれる。また，1717年に荻生徂徠が家塾「蘐園塾」を開設。徂徠は，伊藤仁斎の古義学や中国宋・明の儒学を批判し，古文辞学を唱えた人物でもある。1817年には広瀬淡窓が豊後日田に漢学塾「咸宜園」を設ける。咸宜園では入門者の年齢や学歴，身分，家柄などすべての特権を奪う「三奪」が実践された。身分制社会の近世において，皆が対等の立場で学問に臨める環境がつくられたことは特筆に値する。門人は全国に及び，延べ4000人を数えた。1824年にはドイツ人医学者・博物学者であるシーボルトが長崎に「鳴滝塾」を開設し，医学や自然科学を教授した。その門弟には高野長英らがいる。蘭学者・蘭方医で

ある緒方洪庵は，1838年大阪に，蘭学を教える「適塾，（適々斎塾，緒方塾）」を開いた。門下生は数千人おり，福沢諭吉や大村益次郎もここで学んだ。1857年に吉田松陰が萩に設立した「松下村塾」もまた重要である。佐久間象山に洋学を学んだ松陰は，松下村塾にて下級武士を改革の指導者になすべく教えを説いた。高杉晋作，木戸孝允，伊藤博文，山形有朋など明治維新にかかわる代表的な人物を数多く輩出した。また，1858年福沢諭吉は江戸に蘭学塾を創設。この施設は1868年に慶應義塾となる。

最後に，江戸時代に出版された重要な著書として，子どもの発達段階に応じた教授法が描かれた貝原益軒の著書『和俗童子訓』（1710年），オランダ語に訳されたドイツの解剖学書『ターヘル・アナトミア』を杉田玄白や前野良沢らが約4年の歳月をかけて翻訳した『解体新書』（1774年），国学者本居宣長による『古事記伝』（1798年），幕末遣外使節団の一員としてアメリカやヨーロッパに赴いた際の見聞などが記された福沢諭吉『西洋事情』（1866年）などがある。

武士階級から庶民まで幅広くおこなわれた近世日本の教育は，明治維新後に始まる近代学校設立においても，直接的ではないが，しかし，その礎ともなる非常に重要なものであった。

2 近代学校制度の創設

1 「学制」の頒布

アメリカのペリー艦隊によって開国を迫られ，欧米列強による植民地化の危機をかかえたまま，日本は明治維新を達成した。当時の最大の課題は，国家の独立と近代化であり，それを支える人材育成策として，政府は近代的な教育制度の積極的な導入をめざすことになった。

1871（明治4）年7月廃藩置県を断行した政府は，全国一律の学校制度創設ための基盤を整えた。同年「学制取調係」を任命し，翌1872（明治5）年8月，主にフランスの教育制度などを参考にした「学制」を頒布した。

「学制」は，まず教育理念の面で画期的な原則を打ち出した。それは，「学制

序文」として知られる「学事奨励に関する被仰出書」に明確に表れている。

　そこでは，従来の就学のあり方を「学問は士人以上の事として子に至りては之を度外」においたと批判し，身分や性別によって著しい就学上の差別が存在していたことを指摘した。そのうえで，「学制」がめざす新たな教育の理念を述べたのが，今日においてもよく知られている次の一節である。

　　「自今以後一般に人民華士族農工商及婦女子必ず邑に不学の戸なく家に不学の人なからしめんことを期す」

　こうした立場から，具体的に「小学校ハ教育ノ初級ニシテ人民一般必ズ学ハスンハアルヘカラサルモノトス」（第二十一章）と定め，小学校段階における国民すべての平等な就学の実現をめざした。これは，「国民皆学」の統一的な学校制度の創設であり，まさに近代学校制度の基盤をなすものであった。

　さらに「被仰出書」は，「学問は身を立るの財本」と述べ，教育は個人の生活や生き方に役立つためにおこなわれるべきとする，実学主義の立場を打ち出した。

　こうした考え方に影響を与えたものに，福沢諭吉の『学問のすゝめ』（1872年）がある。そこにあらわされた「一身独立して一国独立す」の主張は，近代国家における個人のあり方を人間形成の立場から述べたものであった。また，「専ら勤むべきは人間普通日用に近き実学なり」という主張は，実学の重要性を端的に述べたものである。この著作は，広汎な読者を得，また学校の教科書としても読まれたが，「学制」はこうした時代の思潮を教育制度に取り入れようとしたものであった。

　この「学制」の全体構成は，次の6つの大項目から成り立っていた。

　　「大中小学区ノ事」「学校ノ事」「教員ノ事」「生徒及試業ノ事」「海外留学規則ノ事」「学費ノ事」

　最初に掲げられたのが，「大中小学区ノ事」に示される，全国に一律の「学区制」を樹立する課題であった。

　具体的には，全国を8つの大学区に分け，1つの大学区を32の中学区に，1中学区を210の小学区に分けることが定められた。そして，大学区には大学校

を，中学区には中学校を，小学区には小学校を，それぞれ1校ずつ設置するものとした。この構想によれば，全国に8つの大学校，256の中学校，そして5万3760の小学校が設置されることになっていた。

つぎに，「学校ノ事」の項目で，学校の各階梯とその進級方法が定められた。図4-2のように小学校は上等小学と下等小学に区分され，それぞれ半年ごとに一級を修了すること（半年進級制），修業年限はいずれも八級から一級までの4年間とされ，上下等小学を合わせ計8年間の初等教育をおこなうことがめざされた。中学校も同様に，上等と下等の2段階でそれぞれ3年ずつ，計6年の課程とされていた。

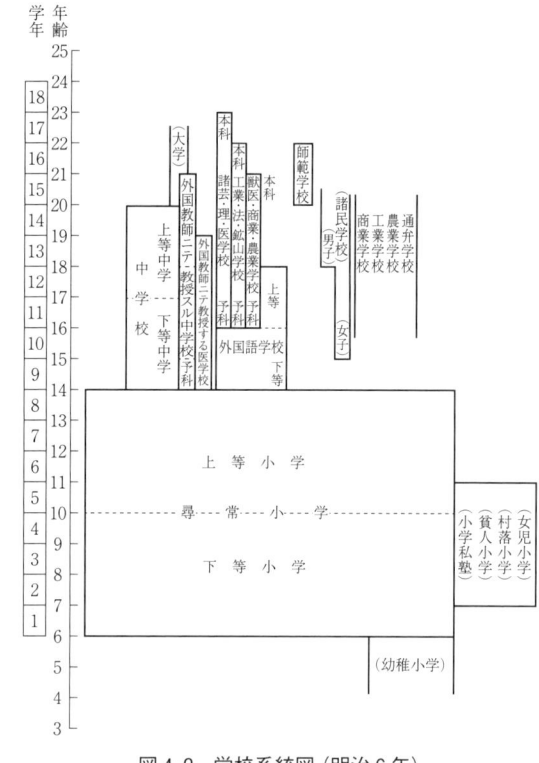

図4-2 学校系統図（明治6年）
文部省『学制百年史』より

また，「生徒及試業ノ事」を独立した項目として設定したことも，大きな特徴である。そこでは，きわめて厳格な試験制度による進級と卒業システムが採用されていた。

たとえば，次の条項である。

　　　第四八章　生徒ハ諸学科ニ於テ必ズ其等級ヲ踏マシムル事ヲ要ス，故ニ一
　　　　　　　級毎ニ必ズ試験アリ一級卒業スル者ハ試験状ヲ渡シ試験状ヲ得
　　　　　　　ルモノニ非ザレバ進級スルヲ得ズ

第四九章　生徒学等ヲ終ル時ハ大試験アリ小学ヨリ中学ニ移リ中学ヨリ大
　　　　　　学ニ進ム等ノ類。但大試験ノ時ハ学事関係ノ人員ハ勿論其請求
　　　　　　ニヨリテハ他官員トイエドモ臨席スルコトアルベシ
　　第五一章　試験ノ時生徒優等ノ者ニハ褒賞ヲ与ウルコトアルベシ
　ここに見るように，まず小学校から中学校，そして大学に至るまでのすべての段階で，進級や卒業を試験の成績で決定していく方式がとられた。
　たとえば，下等小学および上等小学では，各級それぞれ半年で修了し，半年ごとに「進級試験」が実施され，さらに全級を修了した時点で，卒業試験にあたる「大試験」が課されることになった。これを試験の回数で見れば，生徒は下等小学で第八級から第一級までの8回，上等小学でも同様に8回，計16回の試験の関門を通過し，さらに上等・下等小学の卒業時にもそれぞれ「大試験」（卒業試験）に合格することによって，初めて小学校を卒業することができることになる。また，この「大試験」の際には，「官員」の「臨席」が想定されていた（四九章但書）。
　さらに以上に加えて，「学制第二篇」が追加され，外国語学校，法学校，医学校，商業学校等の各種の専門学校の規定が補充された。これにより「学制」は初等教育から始まり高等教育にまで至る，段階的かつ統一的な教育制度の内容を整えるものとなった。

2　「教育令」の制定

　「学制」は，近代学校制度の構想を最初に打ち出したが，そこにはさまざまの問題も含まれていた。まずは財政的な基盤に乏しく，授業料や教員の人件費，さらには学校建築のための費用までも，すべて住民の負担としたことである。そのため，松本（長野県）の開智学校のように洋風建築の小学校を建てる地域も一部にはあったが，多くの地域では小学校の設立や運用に困難をきたし，寺のお堂や従来の寺子屋をわずかに改造した程度で新しい学校を出発させることになった。
　また教育内容の面でも，一挙に新しい知識の教育をおこなおうとしたため，

多くの問題が生まれた。たとえば，小学校の教科は綴字，習字，単語読方，算術に始まり，文法，地理輪講，物理学輪講，幾何，博物，化学，生理など，数も多いばかりか，西洋の直訳的な教科書が多く用いられた。そのため，当時の国民の生活実態や意識とかけ離れてしまい，かえって実学の理念からも遠のくことになった。

　こうした問題点は，当時の文部官吏自らが「従来の寺子屋に比すれば方今の学校は人民の費用十倍の多きに及ぶべし」と述べ，また教育内容の面で「方今の学校……日用の便利は却て寺子屋に及はざることあり」「小学の教則中迂遠にして実用に切ならざるものあり」（『文部省年報』）と認めるほどであった。こうした深刻な問題のため，民衆の不満は増大し，ついには全国の20数県に及ぶ地域で，学校の打ち壊しや焼き討ちに至る事件が頻発していく。

　このような状況の下で，明治10年代に入り新たな教育制度の模索が始まっていく。まず，1879（明治12）年9月に「学制」が廃止され，文部大臣田中不二麻呂によって「教育令」（第1次）が制定された。そこでは，学務委員を選挙で選び住民の意思を取り入れようとする方策や，小学校の就学期間を4年とするなど，住民の負担と統制の緩和がめざされた。この「教育令」は「自由教育令」とも通称されている。

　だが翌1880年12月，政府は一転して干渉主義的な「教育令」（第2次）を公布する。その背景には，おりからの自由民権運動の高揚があり，教育の場での政府批判を押さえ込もうとする意図があった。

　この改正によって，学務委員は再び県令（知事）による任命制となり，また小学校の教科も「修身読書習字算術地理歴史」として簡素化されはしたものの，同時に修身科が最も重要な教科として位置づけられるに至った。儒教主義的な教育内容の大幅な復活がはかられ，先の福沢の『学問のすゝめ』などは教科書として使用禁止となった。こうした動向を積極的に推し進めた人物として，明治天皇の侍補の地位にあった元田永孚がいる。

③ 「学校令」の制定

　明治20年前後の時期は，近代立憲国家としての体制がようやく整えられた時期であり，内閣制度の成立（1885年），大日本帝国憲法の発布（1889年），帝国議会の開設（1890年）など，日本の国家制度にとっての大きな転換期であった。

　こうした状況の下で，日本は不平等条約を撤廃することによって，国際社会のなかで国家としての地位を高めることを重要な課題としていた。

　初代文部大臣に就任した森有礼(ありのり)（1847-89）は，国家主義の見地から次々と新たな教育政策を打ち出していく。まず教育の課題を，「今夫国ノ品位ヲシテ進ンテ列強ノ際ニ対立シ以テ永遠ノ偉業ヲ固クセント欲セハ，国民ノ志気ヲ培養発達スルヲ以テ其ノ根本ト為ササルコトヲ得ス」と述べ，欧米列強が対立する国際情勢のなかで，教育を国家富強のための根本と見なすべきことを主張した。

　森は，具体的にどのような国民（帝国臣民）を育成しようとしたのか。

　　「教育ノ主義ハ専ラ人物ヲ養成スルニアリト云フ，其人物トハ何ソヤ，我帝国ニ必要ナル善良ノ臣民ヲ云フ，其善良ノ臣民トハ何ソヤ，帝国臣民タルノ義務ヲ充分ニ尽スモノヲ云フ，充分ニ帝国臣民ノ義務ヲ尽ストハ気質確実ニシテ善ク国役ヲ務メ又善ク分ニ応シテ働ク事ヲ云ナリ，然レハ教育ノ目的ハ善ク実用ニ立チ得ル人物ヲ養成スルニアリ」

　このように，国家によって課せられた役割を忠実に果たしうる人間が，理想的な人物像とされたのである。

　こうした見地に立って，森は新しい学校体系（図4-3）を打ち立てるべく1886（明治19）年に，「小学校令」「中学校令」「師範学校令」「帝国大学令」を公布した。

　「小学校令」では，父母。後見人に対し「普通教育ヲ得センムルノ義務アルモノトス」と定め，4年間の就学を義務教育として規定した。これは，国家に役立つ人物を広汎な国民的基盤のもとに育成することをめざしたものであり，法令上で義務教育を規定した最初のものである。

　「中学校令」では，中学校の役割を「実業ニ就カント欲シ又ハ高等ノ学校ニ

入ラント欲スルモノニ須要ナル教育ヲ為ス所」と規定し，実社会に出るための実用的教育機関であると同時に，上級学校進学のための機関でもあるという二重の意味を与えた。さらに，中学校の類型を府県立の尋常中学校と，その上級学校に位置する国立の高等中学校に分け，後者を帝国大学に直結する高等教育機関であると位置づけた。なお，1894（明治27）年には「高等学校令」が出され，高等中学校は高等学校へと名称が変えられる。

「師範学校令」は，教員養成のための学校制度を定めたものであるが，森が最重要課題としたものの一つであった。すなわち，「此師範学校ニシテ其生徒ヲ教養シ完全ナル結果ヲ得ハ普通教育ノ事業ハ既ニ十分ノ九ヲ了シタリト云フヘキナリ」として，優良なる教員の養成こそが国民教育の成否を決するものであると主張した。そのうえで，次のような教員養成のあり方を提示した。

　「第一ハ従順ナル気質ヲ開発スヘキ教育ヲナスコトナリ，唯命是レ従フト云フ義ニシテ，此従順ノ教育ヲ施シテ之ヲ習慣トナササルヘカラス，第二ニ相助クルノ情ヲ其心意ニ涵養セサルヘカラス，之ヲ簡単ニ云ヘハ友情即チ友誼ノ情ヲ養成スルナリ，第三ハ威儀ノアル様ニ養成セサルヘカラス」

このように，「順良・信愛・威重」という三気質の養成を徹底させようとし，

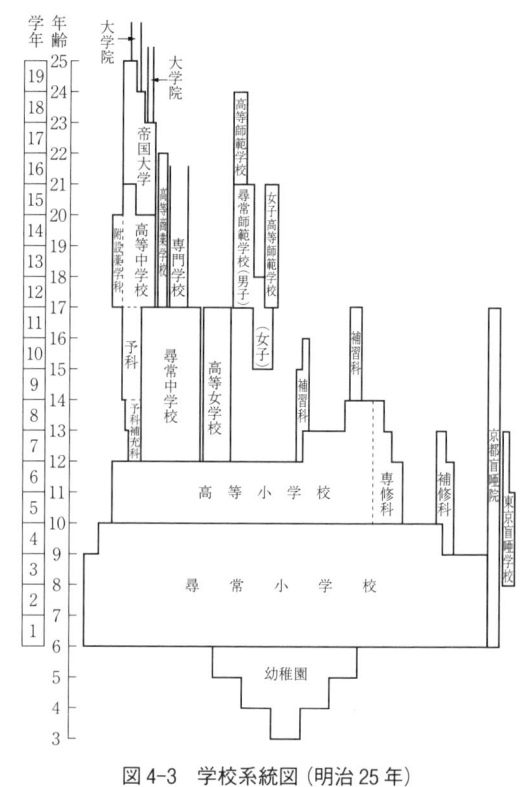

図4-3　学校系統図（明治25年）
文部省『学制百年史』より

そのために公費負担制や全寮制，さらには兵式体操などの特徴的な教育形態を取り入れていった。

「帝国大学令」は，第1条で「帝国大学ハ国家ノ須要ニ応スル学術技芸ヲ教授シ及其蘊奥ヲ攻究スルヲ以テ目的トス」と定めた。すなわち大学は，国家にとって有用と見なしうる学問研究の場であるとされ，帝国の名を冠する国立大学のみが認められることになった。これにより，私立の高等教育機関は専門学校と位置づけられ，私立大学の設置への道が閉ざされることになった。

4 教育勅語体制の成立

1890(明治23)年，明治の教育にとって，いや戦前期日本の教育のあり方にとって決定的な意味をもつ「教育ニ関スル勅語」(「教育勅語」)が制定された。「勅語」とは，天皇自身の言葉による命令をさし，単なる法令以上の権威あるものとしての意味をもっていた。

その内容は，まず「朕惟フニ」から「此ニ存ス」までの第一段で，日本の建国(「肇国」)を天皇の祖先による治績ととらえ，万世一系の天皇制に基づく国体観念を，教育の基本にすえるべきであると説いている(次頁参照)。

第二段では，「父母ニ孝ニ」から「徳器ヲ成就シ」までの儒教的な道徳と，「公益ヲ広メ」から「国法ニ遵ヒ」までの近代立憲主義的な倫理を徳目として並べ，その遵守を説いている。だが最終的には，「一旦緩急アレハ義勇公ニ奉シ以テ天壌無窮ノ皇運ヲ扶翼スヘシ(ひとたび急なことが起れば，自ら進んで公のために尽力して，永遠に続く天皇家を助けよ)」と規定し，天皇制への絶対的帰依を義務づけていることが最大の特色である。

「斯ノ道ハ」から始まる第三段では，以上のような臣民として果たすべき務めを，古今東西を通じての普遍的な道であると説いている。

文部省はこの「教育勅語」の謄本と天皇の写真(「御真影」)を全国の学校に配布し，学校行事などでの奉戴と厳重な保管を命じた。とくに，1891(明治24)年に制定された「小学校祝日大祭日儀式規程」では，それらの取り扱い方

教育勅語

朕惟フニ我カ皇祖皇宗国ヲ肇ムルコト宏遠ニ徳ヲ樹ツルコト深厚ナリ我カ臣民克ク忠ニ克ク孝ニ億兆心ヲ一ニシテ世々厥ノ美ヲ済セルハ此レ我カ国体ノ精華ニシテ教育ノ淵源亦実ニ此ニ存ス爾臣民父母ニ孝ニ兄弟ニ友ニ夫婦相和シ朋友相信シ恭倹己レヲ持シ博愛衆ニ及ホシ学ヲ修メ業ヲ習ヒ以テ知能ヲ啓発シ徳器ヲ成就シ進テ公益ヲ広メ世務ヲ開キ常ニ国憲ヲ重シ国法ニ遵ヒ一旦緩急アレハ義勇公ニ奉シ以テ天壌無窮ノ皇運ヲ扶翼スヘシ是ノ如キハ独リ朕カ忠良ノ臣民タルノミナラス又以テ爾祖先ノ遺風ヲ顕彰スルニ足ラン
斯ノ道ハ実ニ我カ皇祖皇宗ノ遺訓ニシテ子孫臣民ノ俱ニ遵守スヘキ所之ヲ古今ニ通シテ謬ラス之ヲ中外ニ施シテ悖ラス朕爾臣民ト俱ニ拳々服膺シテ咸其徳ヲ一ニセンコトヲ庶幾フ

明治二十三年十月三十日

御名　御璽

が全国一律に定められた。それによれば，紀元節，天長節，元始祭，神嘗祭，新嘗祭には，①御真影への最敬礼と万歳，②教育勅語の奉読，③校長訓話，④祝日歌斉唱をおこなうべきことが要求されたのである。

　こうした強制によって，「教育勅語」は教育の根本基準を示すものとして絶対化され，その趣旨に違反することは許されなくなったのである。

　そのことを示すものとして，たとえば1891（明治24）年に起こった「内村鑑三不敬事件」がある。内村は，当時第一高等中学校の教員であったが，キリストを信仰する者の立場から「教育勅語」の奉読の際に最敬礼をしなかった。これが原因で，内村は教壇を追われることになった。

　こうした迫害は，教員のみにとどまるものではなかった。1893（明治26）年，島根県立松江中学校の生徒は修学旅行で讃岐の崇徳陵に詣でたが，奉安されていた御真影に対し，キリスト教の信者であった生徒3名が礼拝を拒否した。この事件は，生徒の「不敬事件」として大きく報道され，信念を曲げなかった1名の生徒が退学を余儀なくされた。

　さらには，「教育勅語」や御真影を火災や洪水などで毀損し，あるいは消失

することが，重大な責任問題として大きくとりざたされることになる。その結果引き起こされたのが，いわゆる「御真影殉死事件」である。実際に，火災で御真影を焼失させた責任を負って，数名の校長が自殺する事件さえ発生するに至った。

5 学校制度の拡充と教育内容

1 義務教育の6年制と中・高等教育の拡充

各学校令と「教育勅語」の下で，日本の近代教育制度は一応の確立をみ，就学率は少しずつアップしていった。図4-4は男女別の就学率を示したものであるが，男女平均では1890年に48.9％，1895年には61.2％と伸び，さらに1905年には95.6％を達成するに至った。その背景には，1900 (明治33) 年の「小学校令」の改正により，ようやく義務教育の授業料無償の原則が定められ，国民の教育費負担が緩和されたことがあげられる。こうした状況の下で，1907 (明治40) 年には再度「小学校令」が改正され，義務教育年限が6年にまで延長されることになった。

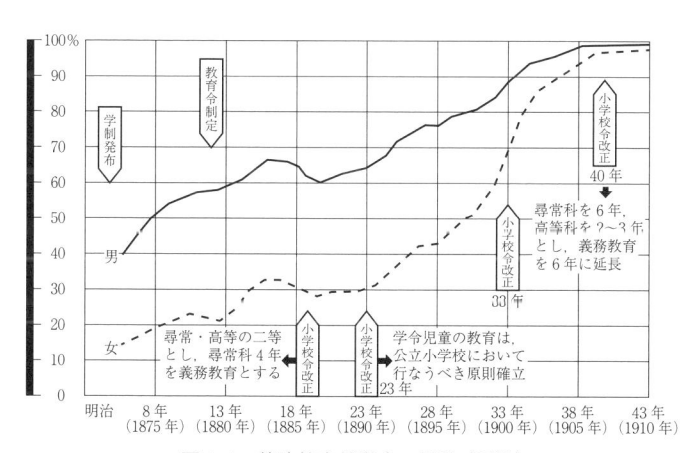

図4-4 義務教育就学率の推移 (明治)

文部省『目で見る教育のあゆみ』より

また，政府による殖産興業策の下で近代的な産業化が進展したが，それを支える人材の育成をめざし，中等教育以上の学校制度の改革もすすめられていく。

1893（明治26）年に文部大臣に就任した井上毅は，産業教育の振興を重視したが，その路線を受け1899（明治32）年に「実業学校令」が制定された。こうして，工業・農業・商業。商船，そして実業補習学校等の各実業教育の充実がはかられることになった。

同年，「中学校令」も改正され，従来の尋常中学校の名称は中学校となり，中学校の目的は「男子ニ須要ナル高等普通教育ヲ為ス」と規定された。これによって中学校は，上級学校への進学をめざす進学校として，実業学校との差別化がはかられていく。

さらに，同年「高等女学校令」が制定され，高等女学校が女子の中等教育機関として発展を遂げることになる。女子教育の指導理念は，いわゆる「良妻賢母主義」に求められ，家政，裁縫，修身などが重視される教育がおこなわれていく。

高等教育に関しては，すでに述べたように1894（明治27）年に「高等学校令」の成立をみたが，1903（明治36）年には「専門学校令」が制定され，専門的な学術技芸を教授する学校制度として重要な役割を果たすようになっていく。国立の専門学校としては，医科専門学校や高等商業学校などが設置された。だが，数の面では私立専門学校が圧倒的に多く，東京専門学校，慶應義塾，東京法学校など，のちの私立大学の基盤が形づくられていくことになった。

なお，男子には中学校を卒業後，高等学校から帝国大学へと進学する道が開かれていたが，女子は高等学校への進学の道は閉ざされており，したがって帝国大学への進学も不可能であった。

2　教育内容の変化と統制

1891（明治24）年，文部省は「小学校教則大綱」を制定し，小学校の教育課程と各教科の内容を定めた。そこでは，徳性の涵養を最重要事項とし，知識技能面についても確実かつ実用的な指導をおこなうべきことを指示していた。

5 学校制度の拡充と教育内容　133

　注目すべきは，この「教則大綱」の遵守のさせ方である。まず地方長官が「教則」を定め，それを具体化すべく校長または首座教員が「教授細目」を作成し，それに従って個々の教員が「教授週録」や「教案」をつくり，授業をおこなうべきことが定められた。これによって，上意下達の画一的かつ形式的な教授様式が支配するようになり，教員の創意による授業づくりの道は抑制されていった。

　教育内容を最も具体的にあらわす教科書のあり方も，この時期大きな変化を遂げた。小学校の場合，森文相時代は検定制度の下に民間の各社が教科書を作成していた。だが，「教育勅語」の渙発を経て，教科書の内容は「教育勅語」の趣旨を最大限に網羅するように選択・配列がなされるようになっていく。その方針を徹底するために，国家による教科書づくりがめざされていった。

神武天皇から、ひきつづいて、おくらゐにおつきになったご代代の天皇は、みな、そのごしそんであります。かよーに、萬世一系の天皇をいただくことは、せかいの國々に、たぐひのないことであります。
ご代代の天皇は、しんみんを子のよーに、おぼしめし、あつく、おめぐみになりました。われらしんみんは、このおめぐみをわすれずに、わが大日本帝國のために、つくさねばなりません。

金次郎は、をぢの家にゐましたとき、じぶんで、なたねをつくって、たねあぶらと、とりかへて、まいばん、べんきょーしました。をぢは、「本をよむより、うちのしごとをせよ。」と、いひましたから金次郎は、いひつけられたしごとを、すましたあとで、べんきょーしました。
カンナンハ、ヘヲタマニス。

文部省『尋常小学修身書』

そのきっかけとなったのは，1902（明治35）年の「教科書疑獄事件」である。小学校の教科書採択において，教科書会社による贈収賄の不正行為が暴露され，校長を含め検挙者・召喚者が250名にものぼった。これをきっかけに，翌1903年には，国定教科書制度が成立し，教育内容の国家統制と画一化がいっそう推しすすめられていった。

たとえば修身科では，絶対的な「忠君愛国」と「忠孝」の徳目が重視された。前頁の図は，尋常小学4年生用の国定教科書であるが，天皇の恩（「おめぐみ」）を忘れずに，国家のために尽くすべきことが教えられている。

さらに加えて，「国家富強」を実現するための「勤勉」や「立身」の徳目も重視された。この点では，明治天皇に並び教科書に多く引用された二宮金次郎（江戸時代の農政家，二宮尊徳）のもつ意味は大きい。金次郎は，多くの困難を乗り越えて勉強し，孝行に努め，やがて地域の生産振興に大きく寄与したとして，「勤勉」や「立身」の手本として取り上げられた。こうして，全国の小学校に金次郎の像が建てられていった。

参考文献
花井信『学校と教師の歴史』川島書店，1979年
岩本努『御真影に殉じた教師たち』大月書店，1989年
斉藤利彦『試験と競争の学校史』講談社，2011年
辻本雅史・沖田行司編『新体系日本史16 教育社会史』山川出版社，2002年

第5章 大正・昭和初期における教育改革

1 「大正デモクラシー」と新教育運動

1 「大正デモクラシー」と民衆運動

　日露戦争以後，日本の資本主義は急速に発展し，帝国主義化した。不況と物価高によって民衆の生活状態は低下して不満はうっ積し，民衆運動が起こってくる。

　「大正政変」をめぐる憲政擁護運動を通して民衆の政治的自覚はすすみ，やがて第一次世界大戦後の世界的デモクラシーの風潮，さらにロシア革命(1917年)に触発されて，政治的文化的領域にも大きな変化が現れた。大正リベラリズムが風靡し，個人主義，自由主義，国際主義が，そして人格，自由，教養など日本の伝統的文化に異質の要素が入ってきた。

　民衆の不満は，労働組合運動，社会主義運動，学生運動，女性解放運動，教員運動，水平社運動(部落解放運動)，無産政党運動，普通選挙運動など多彩な運動を生起させた。植民地では，朝鮮の民族解放運動の転回点となった「万歳事件」(1919年3月1日)や中国の排日運動である「五四運動」(同年5月4日)が起きた。日本政府はこれまでの武断政治を断念し，「文化政治」に転じた。

　絶対主義的天皇制国家は，こうした新しい動きに対し，陸軍軍人寺内正毅「非立憲」内閣のもと臨時教育会議(1917～18年)を設置し，また，関東大震災以後の社会不安に際しては「国民精神作興ニ関スル詔書」(1923年)を出し，思想統制を強めた。1925(大正14)年3月，普通選挙法を成立させると同時に，治安維持法という希有の弾圧法を制定させた。では，この時期の教育政策と教育運動をみてみよう。

2 臨時教育会議

　臨時教育会議は文部大臣の諮問機関でなく，内閣直属の審議機関であった。
　ロシア革命の影響や労働運動の高揚への対処，さらに教育の大衆化や都市市民社会の形成への対応策など，天皇制を基軸とする国家体制再編の大がかりな政策を遂行するためであった。臨時教育会議は，国民教育，高等教育のあり方を基本に九つの答申と二つの建議を出した。答申・建議はその後の教育のあり方を決定づけた。

　答申で注目すべきは，教育財政についてである。地方財政は慢性的窮乏化の状態に陥り，教員の給与は劣悪であった。臨時教育会議は，小学校教員の俸給は国と市町村の連帯支弁として，国が半額負担するよう答申した。1918（大正7）年2月に「市町村義務教育費国庫負担法」による教員給与の一部国家負担制度が成立した。そのねらいは，地方財政の救済とともに，待遇改善を通して教師を「帝国ノ使命ヲ完ウスル国民ヲ作ル」政策への担い手にすることであった。

　小学校教育については，「国民道徳教育の徹底」が打ち出された。1918（大正7）年には小学校の国定教科書が改訂され，国語では，「南米だより」「ヨーロッパの旅」など国際性のある教材がふえる一方で，「大日本」「神風」や，軍国の母をたたえる「一太郎やあい」など国家主義軍国主義の典型的な教材が現れた。歴史教科書では，『尋常小学国史・上下巻』が発行され，日本歴史は国史と改められ，国家主義的傾向がいっそう強められた。

　二つの建議のうち「兵式体操振興ニ関スル建議」は，兵式教練によって勇敢の気をのばし，服従・規律などを身につけさせ，将来軍務につくときに役立つ素養を獲得させる必要を述べた。「教育ノ効果ヲ完カラシムヘキ一般施設ニ関スル建議」は，国体の精華を知らせる教育の徹底と貧富貴賤各階級間の融和をはかることを強調した。

　ここにみられるイデオロギーは，日本ファシズムの端緒であり，アジアへの侵略をすすめる国策にそった教育方針であった。このほか，教育行政機構が整備され，従来の通俗教育という用語が廃止され，社会教育行政が確立された。

青年団の組織化がすすみ，大日本連合青年団が結成され，軍事訓練を主要な目的とする青年訓練所が設置された（1926年）。

3　高等教育の大拡張

高等教育拡張政策も臨時教育会議の重要審議事項であった。当時，法令のうえでは専門学校扱いであった私立大学は，帝国大学と同等の待遇を求め，他方，大阪府立医科大学や官立東京高等商業学校などの官公立専門学校も単科大学への昇格を求めていた。

臨時教育会議の答申に基づき，1918（大正7）年「改正高等学校令」が公布される。これによって「七年制高校」（尋常科4年，高等科3年）が創設された。さらに，帝国大学令とは別の「大学令」が発布され，公私立大学および単科大学が認められた。これによって従来は法令上専門学校であった私立大学（早稲田，慶應義塾など）が正式に大学となった。1920（大正9）年，東京高等商業学校がはじめて官立単科の東京商科大学（現一橋大学）に昇格した。

政府は高等教育要求の世論の高揚に対応して，高等教育機関を大増設した。大正半ばまで8校であった高等学校が大正末には31校となった。北海道帝国大学や多数の専門学校なども設立された。政府は，第一次世界大戦後の国際経済競争の激化に対応するためのエリート養成をねらいに，中学・高等学校そして大学教育の制度を部分的に手直しして，戦時体制までの基本的学校体系をつくり上げたのである。

なお，女子に対する帝国大学の門戸はかたく閉じられていた。1913（大正2）年，沢柳政太郎が初代総長を務めた東北帝大で2名の入学が認められた。その後もこれに倣う大学もあったが，例外的に聴講生を受け入れたという事態にほぼとどまった。

4　女子教育の普及と良妻賢母主義教育

女子教育機関は，第一次世界大戦後，量的に飛躍的発展をとげた。たとえば，高等女学校の校数は，1915（大正4）年で223校，1925（大正14）年で618

校，1935（昭和10）年で792校，そして1945（昭和20）年で1272校というように，30年間で4倍以上に増加した。

　高等女学校令は1899（明治32）年公布。女子の中等教育の拡充を担った高等女学校は，同時に，近世封建社会の儒教思想によって支えられた女性を「家」制度にしばる良妻賢母主義思想を普及させた。

　一方，大正期は，デモクラシーの風潮のもと，女性の参政権獲得問題，職業女性の社会進出問題，女子の高等教育進学問題などが盛んに議論される時期でもあった。婦人雑誌の創刊，婦人団体の結成などが起きた。平塚らいてうが創刊した『青鞜』（1911年）は，社会的に大きな反響を巻き起こした。山川菊江，伊藤野枝，与謝野晶子，岡本かの子，野上弥生子など，数多くの女性たちが女性の自立の声をあげるべく，この雑誌に執筆した。彼女らは「新しき女」と呼ばれた。平塚は，婦人の天職は良妻賢母ばかりでなく，「各人個々別々に無限であらねばならぬ」とし，「その選択の自由は各人の手に握られている」と述べ，女性を家制度にとどめおく良妻賢母主義教育を批判した。しかし，平塚らの主張は，女子教育関係者に受け入れられること少なく，学校教育内部には浸透できなかった。

　昭和期，戦時体制の突入とともに，良妻賢母主義は，皇国の女性としての徳性を養い，報国の信念を強固にし，犠牲的精神に富む臣民の育成をめざす目的がさらにつけ加えられていく。

5　植民地教育と同化主義

　日本は，日清・日露戦争の結果，台湾と樺太（サハリン）を領有し，さらに関東州を租借地とした。1910（明治43）年8月には，朝鮮を併合して東洋一の一大植民地国となった。

　日本の植民地支配は，植民地住民を経済的に搾取するだけでなく，文化的精神的に支配する「同化主義」を採用した。日本語を押しつけ，アジア諸民族の母国語の使用を禁じるなどして，民族的尊厳性をいちじるしく否定した。日本は東洋諸民族と民族的な近親性があり，文化的にも共通性をもつとする，いわ

ゆる「同文同種」観にたって、アジア植民地支配を推しすすめた。よって、植民地教育政策は重要な国策であった。

台湾では、1896（明治29）年に、日本語を教授する国語伝習所が設置された。1898（明治31）年には台湾公学校令を公布し、国語伝習所を公学校（8歳以上の子どもを対象に、6ヵ年の普通教育）に改めた。1919（大正8）年、台湾教育令が公布され、学校体系が整備され、1922（大正11）年の台湾教育令改正によって「内台人共学」制が施行された。しかし、実際には国語（日本語）を常用する者としない者との差別があり、日本人と台湾人の教育機会はあまりに不平等であった。

朝鮮では、文化政治への転換によって、1922（大正11）年朝鮮教育令が改正された。外形上民族差別を「一視同仁」原理によって、内鮮の差別廃止をもくろんだ。普通学校の設置計画をはかり、家事科・職業科を設置し、就学率の上昇につとめるなど植民地支配の産業化政策に奉仕する政策をすすめた。しかし、国語を常用する者としない者との民族的差別学級は存在した。忠君愛国教材は増大し、日本語の授業は比重を増すなど、朝鮮人の日本臣民化を強力に推しすすめた。

6　新学校設立と新教育運動

大正期のデモクラシーの高揚と結びつき、欧米諸国の新教育理論が紹介され、従来の画一的機械的詰め込み主義教育や教師中心の教育を排して、子どもの個性や自由や創造性を求める実践や運動が各地で展開されだした。

1917（大正6）年に元文部次官沢柳政太郎が設立した成城小学校は、大正期新教育のシンボル的存在であった。①個性尊重の教育、②自然と親しむ教育、③心情の教育、④科学的研究を基礎とする教育を目標に掲げ、独自のカリキュラムに基づく教育がおこなわれた。成城の教師は「教えつつ学ぶ」を格言にしながら実践に取り組んだ。その教育観の根底には児童を発達主体ととらえる、それまでにない児童観があった。

千葉師範附属小学校では、手塚岸衛が自治集会を中心とする実践をおこなっ

ていた。これは立憲国家の担い手たる公民を育成すると同時に，自分の生活を自分で律することができる人間をつくることをねらいとした。手塚は，これまでの教育を「一斉画一」「干渉束縛」「受動注入」と批判した。

　明石女子師範附属小学校では，明治末以来及川平治が指導者となって実践がつみ重ねられていた。「分団式動的教育法」として理論化された。この教育法は，学び方を身につけさせる自学主義とグループ学習である分団式学習とを結びつけたもので，国定教科書を注入することで国民教化を果たそうとする当時の画一的教授への批判が根底にあった。

　奈良女子高等師範附属小学校における木下竹治らの合科教授も，児童の生活や主体的学習を尊重するものであった。

　1924（大正13）年に教育の世紀社同人（野口援太郎，下中弥二郎ら）によって池袋児童の村小学校が創設された。自由教育をさらに徹底させ，子どもの活動を規制するような時間割などの諸条件を取り除き，彼らの興味や関心を最大に生かす試みであった。学校は「獄舎」と批判され，児童の村は，娯楽所，安息所，研究所，労働所であり，親交学校でなければならないとされた。

　ほかに，自由学園（羽仁もと子），文化学院（西村伊作），玉川学園（小原國芳）などの独自な実践が生まれた。また，幼稚園が普及し，大正末には初期の3.5倍に達し，園児数は9万人を超えた。

　大正期の新教育運動は，権威主義的な教師観や国定教科書に対する絶対服従の教材観に変更を迫った点で評価できる。しかし，天皇制と帝国主義的海外発展について根本的批判はできなかった。先の沢柳は「朝鮮教育は日本語普及に全力を傾注すべし」と述べた。

　なお，山越脩蔵と土田杏村によって設立された上田自由大学（1921年）がある。地域の青年の自己教育組織であり，ここで人文・社会科学の質の高い学習がおこなわれた。

7　芸術教育運動

　子どもの心性の解放を主張して，芸術教育運動に力を尽くした人々が現れた。

1918（大正7）年7月，夏目漱石の門下である鈴木三重吉は，童話と童謡を創作する最初の文学運動をめざして，子どものための文芸雑誌『赤い鳥』を創刊した。三重吉は，当時の子ども向けの歌や読み物を貧弱低劣と批判し，彼らの純真な感情を保全開発するために第一級の作家・詩人・作曲家の協力を求めた。泉鏡花，高浜虚子，北原白秋，小川未明，芥川龍之介，山田耕筰らがこれに力を貸し，作品を寄せた。白秋は，学校は子どもの本質を虐殺し，不自然極まる唱歌を教えていると批判し，『赤い鳥』に数多くの童謡を発表した。「雨」（雨がふります。雨がふる。……），「あわて床屋」（春は早うから川辺の草に，……），「揺籠のうた」（揺籠のうたを，カナリヤが歌う，よ。……），「ペチカ」「待ちぼうけ」「この道」などは白秋の作品である。

　また画家の山本鼎は，「自由画」運動を起こし，1919（大正8）年4月長野県小縣郡神川小学校で第1回児童自由画展覧会を開催した。山本は，従来の『国定臨画帖』による指導では子どものなかにひそむ創造的種子は芽の吹きようがないと指摘し，美術における子どもの個性的表現の発展に大きな力をつくした。彼は，「自由を拘束したのでは人間の本質は決して良くならない，少なくとも自由を知らない者に生長はない」（『自由画教育』1921年）と述べ，子どもの創造的能力に無条件の信頼を示した。

　文芸教育家の片上伸は，「人間の本性から考えて人間の本性を生かそう」（『文芸教育論』1921年）と述べ，芸術教育運動を理論面で支えた。

　芸術教育運動の指導者たちは，学校教育の外にいたこともあって，先の新学校の指導者よりもいっそう徹底した天皇制下の画一注入教育を批判できた。しかしながら，彼らがめざした感情の自由な表現と発露は，封建的なしきたりと貧困にあえぐ大多数の子どもたちにとっては困難な課題であった。

8　日本教員組合啓明会と勤労人民の自己教育運動

　戦前日本の教員政策は，「聖職」観に貫かれていた。聖職であるがゆえに，教員は低い待遇に甘んじさせられた。この教員観を変革し，待遇改善を求める動きが強められた。

のちに出版社の平凡社を興す下中弥二郎は，1919年8月に埼玉県内の小学校教員中心に啓明会を組織する。翌年に全国組織をめざし日本教員組合啓明会と改称する。同年5月，第1回メーデーに主催団体として参加，労働組合同盟会に加わり，一般労働組合との組織的連帯をはかった。「教師は労働者である」と確信し，その第一歩を行動によってさし示した意義は大きい。

1920（大正9）年，啓明会は「教育改革の4綱領」を公表する。綱領は，「教育を受ける権利―学習権」を「人間権利の一部」とし，小学校から大学に至るまでの「教育の機会均等」とそのための教育費の公的負担の要求を提示した。

労働運動や農民運動は，運動を発展させるために彼ら自身による自己教育活動を展開する。労働学校，農民学校が起こってくる。日本で最初の労働学校は，1921（大正10）年の大日本労働総同盟友愛会が設立した労働者教育協会（理事長・鈴木文治）である。最初の全国組織日本農民組合も農民学校を開設する。彼らは労働権の確立とともに自らの学習権の樹立を要求した。新潟県木崎村では，小作争議のなかで無産小学校が設立された（1926年）。

近世以来，抑圧され虐げられてきた被差別部落の人たちは，1922（大正11）年に水平社を設立した。その宣言は，人間の尊厳をかかげ，自由と平等の精神にたって一切の差別撤廃をもとめた。学校教育における差別言動者への糾弾闘争は，やがて，教育の階級性を見やぶり，教育の差別をささえる社会制度全体に対する闘争に発展した。

9　新教育運動の衰退

1919（大正8）年2月，長野県で白樺派の教師への弾圧事件が生じる（戸倉事件）。1921（大正10）年12月と1922（大正11）年3月には，茨城県で自由教育講演会の開催禁止を指示する抑圧事件が起きる。

1924（大正13）年9月長野県では，国定教科書を使わなかったことで休職処分にさせられた川井訓導事件が起きる。松本女子師範学校付属小学校に，臨時視学樋口長市と県の学務課長らが授業視察に訪れる。そのとき，川井清一郎訓導は，国定修身教科書を使わずに森鴎外の『護持院原の敵討』を教材にして，

修身の授業をおこなった。樋口らはこれを問題とし，川井訓導は休職処分となった。その樋口は，10年前には新教育運動の旗頭の一人であった。

1926（大正15）年6月，先の手塚岸衛は千葉師範附属小学校からの転出を強制され，その1年後に辞任に追い込まれた。

1924（大正13）年8月，岡田良平文部大臣は地方長官会議で新教育を非難し，軽信妄動して新を衒い奇を弄することは厳にこれを誡め，との訓示をおこなっていた。

この訓示の影響は大きく，これを契機に運動は受難の時期を迎える。

1930年代，新教育運動は衰退するが，この運動の弱点を克服する新たな教育運動が生み出される。

2 教育運動の新展開と戦時教育体制

1 恐慌下の学校と子ども

1929（昭和4）年10月，ニューヨークの株式大暴落に端を発する世界大恐慌は，日本経済を直撃し，1931（昭和6）年，日本の恐慌は最悪の事態を迎えた。養蚕地帯の農業県は大打撃をうけ，都市では工場の操業短縮，首切りが始まった。とくに，北海道と東北は大凶作にみまわれ，農家経営は壊滅的状況におちいった。同1931年9月18日，「満州事変」が起き，15年戦争が始まる。

窮乏した町村財政のため，小学校教師の給料は，削減，遅配，強制寄付となり，あるいは現物支給された。教師の生活状態は酷薄をきわめていた。

深刻な事態は子どもたちも同様であった。東北農村を中心に，娘の「身売り」や欠食児童が続出した。都市では，生活苦に起因する親子心中が頻発し，浮浪児や危険な見せ物や作業に従事させられる被虐待児童問題が深刻化した。

これに対して政府は，農村恐慌策として，1932（昭和7）年に農山村漁村経済更正運動を開始した。これは農村経済を立て直すことがねらいであり，農事実行組合が組織されたが，同時に公共精神の涵養や経済道徳の併進を謳い文句にする精神運動を強力にすすめた。文部省は郷土教育を奨励し，郷土研究や郷土

教育講習会を開催した。また，農林省は農作業における経営合理主義を追及しつつ，一方で勤労主義や礼拝など宗教的儀式を重んじる塾風教育＝農民道場を推進した。

文部省は，家庭教育や子どもの校外生活にも介入した。1930（昭和5）年の訓令「家庭教育振興に関する件」では，家庭の風尚の樹立を説き，1932（昭和7）年の校外生活指導の訓令では社会奉仕，協同互助の精神の育成を訴えた。

政府は，国家および国民の物質的精神的全能力を動員するための体制，すなわち総力戦体制の整備を開始した。

では，こうした状況の下，どのような教育運動が展開されたのだろうか。1930年代のはじめ，教育運動は大きく三つの潮流を形成する。第一は，大正期以来の自由教育の流れである。この潮流は，1930（昭和5）年11月に「新教育協会」（池袋児童の村小学校校長・野口援太郎が会長）を結成し，大同団結をはかるが，しだいに政府の教化理念との接近をはかり，国策に加担していく。そして，第二と第三が，次に紹介するプロレタリア教育運動と生活綴方教育運動であった。

2　プロレタリア教育運動

1930（昭和5）年11月に日本教育労働者組合（教労）が結成された。これは非合法の組織であった。合法の機関として新興教育研究所（新教）が，同年8月に創立された。新教は機関誌『新興教育』を発刊した。新教・教労は，国際的なエドキンテルン（教育労働者インタナショナル）の運動や理論を学んだ。

新教・教労は，教員の馘首反対，資格別・性別による差別待遇反対，国定教科書反対，軍国主義教育に対する闘争，教科書選択の自由，1学級40名制の確立，授業料の廃止などの行動綱領を決定した。教育の擁護と解放のために，彼らは，帝国主義戦争に反対し，労働者・農民・被差別者・植民地人民との結びつきを重視した。

彼らは，当初の公式的機械的な公教育批判やイデオロギー注入主義を反省し，教育の本質に応じる活動を展開しはじめる。現実の資本主義社会のなかで

矛盾を背負いながら生きる子どもたちのリアルな姿をとらえる努力をし，国定教科書に対する科学的で系統的な教育内容の対置を試みた。たとえば，脇田英彦は，修身の教科書の大部分は近世武士階級か近世の代表的階級のなかで通用する「徳」が書かれており，現代の大衆である労働者や農民には縁が薄く，したがってその子どもたちは学ぶ意欲を起こさないと批判し，社会生活上必須の政治問題や経済問題を取り入れることを主張した。

彼らは，教科書の改作，逆用，素通りなどさまざまな教授法を駆使して，多様な教育実践を試みた。

しかしながら，1933（昭和8）年2月，教労長野支部では被検挙者138名を出す弾圧をうけ，プロレタリア教育運動は壊滅的打撃をうけた。

3　生活綴方教育運動と教育科学研究会

生活綴方教育運動は，1910〜20年代の『赤い鳥』などの児童文化運動や芦田恵之助などの自由選題綴方運動を批判的に継承しようとする教師たちによってになわれた。

彼らは，『赤い鳥』の綴方や詩は都会の山の手感覚に限られていると批判し，貧困と封建的因襲に囲まれ，しかも恐慌によって悲惨な生活苦に追い込まれている子どもたちの現実を問題にした。彼らは，子どもたちに生活の事実（生活台）を直視させ，それを綴らせ，教室で子どもら自身によってそれを討論させることで，社会認識を育てようとした。子どもを現実生活の暗さにおしこめるのでなく，その現実を克服する力を獲得するために，「生活知性」を身につけさせて生活意欲を掘り起こそうとした。教育におけるリアリズムの追求である。これは国定教科書のない綴方という領域の充実による生活指導であった。また，欧米の教育理論にない日本の教師自らがあみ出した独自の教育的遺産であった。

農村恐慌の激しかった東北地方の綴方運動は，「北方性教育」と呼ばれた。1930（昭和5）年，秋田の北方教育社が『北方教育』を創刊，続いて北日本国語教育連盟が結成され，1935（昭和10）年に『教育・北日本』が刊行された。東京の小砂丘忠義らが編集した『綴方生活』（1929年）は，中央機関誌としての

役割を果たした。鳥取の峯地光重らは伯西教育社を結成（機関誌『国・語・人』），「南方性教育」と呼ばれた。運動は各地に広がった。

　しかし，綴方運動は，重工業の進展と生産力の拡充に農村の経済的社会的問題の解決を求める国策協力への傾斜をみせる。同時に1940年2月の山形県の村山俊太郎らが検挙される弾圧事件が起きて以降，この運動は数年のうちに壊滅した。

　プロレタリア教育運動，生活綴方教育運動に少しおくれて，野村芳兵衛，戸塚廉らの生活学校運動（機関誌『生活学校』1935-38年）が起こった。さらに城戸幡太郎，留岡清男ら教育学者，心理学者が中心になって，『教育』（岩波書店，1933年～）を母体にして，教育の現実を批判し教育改革のための教育科学の建設を目的にする教育科学研究会（教科研）が結成された（1937年）。教科研は，「生活主義と科学主義」「国民教養の最低標準の設定」を目標に掲げ，現実の社会情勢に応じうる教育改革の道を展望した。

　教科研には，研究者ばかりでなく，民間教育運動をすすめてきた教師たちも多数参加した。廃刊に追い込まれた前述の『生活学校』関係者や生活綴方教師たちである。また，教科研は，羽仁五郎，戸坂潤，長谷川如是閑，山田勝次郎，尾崎秀実，矢内原忠雄，山川菊江，宮本百合子ら唯物論研究者，社会主義者，自由主義者との交流もおこなった。こうして教科研は民間教育運動の最後のよりどころとなった。

　教科研の「教育科学」は，科学性と実践性を旗印として，伝統的な日本の教育学に支配的な観念性を否定した。現場教師と教育研究者の共同研究をなにより大切にした。保育関係者や障害児者教育家とつながりをもち，福祉と教育事業にまたがる研究をすすめた。また，伝統的教育学における教育技術論への偏向を批判し，「教育政策」への関心を喚起した。

　しかし，教科研の教育政策理論は権力に対する明確な認識を欠いていた。国策に協力し，結局，それに応える教育改革を展望してしまった。国家権力内部における新官僚・革新官僚に期待する国家への幻想（＝総力戦体制の革新性による教育改革の展望）が原因であった。

1940（昭和15）年に城戸・留岡は，ファッショ的国民統合組織である大政翼賛会に参加し，翌1941（昭和16）年に教科研は解散する。民間教育運動の実質的な終焉であった。天皇制国家はその城戸・留岡にも弾圧を加え，1944（昭和19）年6月に彼らを検挙した。

4 戦時教育体制の確立

1932（昭和7）年，国民精神文化研究所が設立される。同研究所の設立目的は，従来の警察的取り締まりからマルクス主義など西欧思想へ対抗しうるだけの思想体系の樹立，すなわち国体論の建設と普及にあった。1933（昭和8）年，京都帝国大学法学部滝川教授の刑法理論が反国体思想として攻撃された「滝川事件」が起きた。自由主義思想の圧迫抑圧であった。

1935（昭和10）年2月，美濃部達吉の天皇機関説への排撃事件が起き，政府は国体明徴声明を発した。同年11月，文部省は，その具体化として文部大臣の諮問機関である教学刷新評議会を設置した。同答申は，「我ガ教学ハ源ヲ国体二発シ，日本精神ヲ以テ核心トなす，教育や学問を天皇の祭祀や政治に直結させる方針を打ち出した。文部省はこれに応えて，1936（昭和11）年，日本諸学振興委員会を設置し「教学刷新」をすすめ，官定の国体論というべき『国体の本義』（1987年）を編纂刊行し，さらに教学刷新と思想統制政策をになう教学局を文部省外局に設置した。

一方，教学刷新政策と並行して，文部省以外の場で，「総合国策」の一環としての教育改革構想が模索されていた。1935（昭和10）年に岡田内閣によって設置された内閣審議会・内閣調査会の教育改革構想である。本格的な重化学工業中心の産業構造再編と海外侵略に応じる人材養成を目的にする総合教育国策案の企画であった。

合理的効率的な国家経済再編を担いうる人物の養成とともに，かたや兵士および労働力として長期にわたって過酷な条件を厭わない総力戦を遂行するにふさわしい「高い道徳」（愛国ナショナリズム）の形成が要請されたのである。

1937（昭和12）年12月，内閣直属の教育審議会が発足する（1941年まで）。こ

の審議会は，学校制度について，①小学校を国民学校へ，②青年学校の義務化，③師範学校の年限を3年とする，④女子高等学校，女子大学の設置を認める，などを答申した。教育目的は「皇国の道に帰一せしめる」とした。国民学校の各教科は，国民科，理数科，体練科，芸能科の4教科に統合し，低学年の合科教授を認めるとした。大正新教育の成果を吸収し，これに皇国民錬成の理念を結びつけようとしたのである。教育審議会の審議は，教学刷新のイデオロギー教化と総合国策的見地に立っておこなわれた。教育審議会の答申に基づいて，国民学校令が1941（昭和16）年3月に公布され，4月施行された。国民学校は，「皇国ノ道ニ則リ」，「皇国民ノ基礎的錬成」を目的とした。儀式や学校行事を重んじるなど，学校自体は従来の「教授学校」から「国民錬成の道場」に変わった。

1941（昭和16）年1月に「皇国の道に則り青少年に対し団体的実践鍛錬を施す」大日本青少年団が結成され，12月に「皇国の道に則り国民文化の基礎たる日本少国民文化の確立」を目的にする日本少国民文化協会が設立された。子ども・青年たちは日常生活のあらゆる場面を通じて「皇国民の錬成」を期待されることになった。

5 戦時教育体制の崩壊と植民地教育

1941（昭和16）年12月8日，太平洋戦争が勃発する。翌1942（昭和17）年5月，大東亜建設審議会は「大東亜建設に処する文教政策」を答申する。国策の要請に基づいて教育の国家計画の樹立が叫ばれることになる。

戦局は，決戦体制に突入する。1943（昭和18）年6月に閣議で「学徒戦時動員体制確立要綱」，1944（昭和19）年1月「緊急学徒勤労動員方策要綱」が決定される。勤労即教育との考えのもと，学徒は続々軍需工場へ動員された。終戦時，動員学徒は340万人を超えた。

すべての学校で修業年限の短縮がおこなわれる。また，学徒出陣が強行された。1943（昭和18）年10月21日，秋雨けむる神宮外苑競技場において約3万5000名の学徒兵たちは，6万5000名の学生・生徒らに見送られ黙々と戦場に

向けて行進していった。

　1944（昭和19）年以降，「国内防衛態勢の徹底強化」の方針のもと，学童疎開が開始される。はじめは縁故先に，やがて集団疎開となる。疎開先での児童の生活は悲惨で，空腹や衛生事情の悪化に耐えなければならなかった。1944年8月22日，沖縄から九州へ向けての集団疎開船対馬丸は米軍潜水艦に撃沈され，800人近い子どもがいっきょに犠牲になった。疎開児童数は45万人にのぼった。1945（昭和20）年3月，閣議は「決戦教育措置要綱」を決める。国民学校初等科をのぞき，学校の授業は原則停止となった。これは学校教育の崩壊を意味した。

　植民地教育はどうか。朝鮮では，日中戦争の本格化とともに「皇民化教育」が一段と強力にすすめられた。朝鮮総督府は，「国体明徴」「内鮮一体」「忍苦鍛錬」を教育の三大方針と提起し，1937（昭和12）年10月「皇国臣民の誓詞」を制定する。朝鮮の子どもたちは，学校の朝礼などで「一，私共は大日本帝国の臣民であります」ではじまり，天皇への忠義，忍苦鍛錬によって立派な国民となることを誓う言葉を斉唱させられた。総督府は，朝鮮語を禁止し，創氏改名，神社参拝，宮城遙拝，陸軍特別志願兵制度（やがて徴兵制へ），勤労動員などを強引に実施した。

　台湾，南樺太，関東州，そして東南アジア諸地域においても，朝鮮と同じく日本語が押しつけられ，皇国民教育が強制された。日本精神のアジア化が実施され，植民地開発に応じる「低度」実業教育が推進された。

6　教育（学）における戦争責任

　大東亜共栄圏期（1941〜45年），多くの教育学者は積極的に報国行動をとった。日本諸学振興委員会は，大学などに籍を置く学者・教育学者を総動員する官製プロジェクト機関であった。傍観主義も観念的態度も自由主義も許されず，したがって総力戦があたえる目標への雪崩をうった転向がすすんだ。国粋主義的日本精神主義を中心理念におく「日本教育学」研究へと移っていった。この日本教育学は，同時に，アジア侵略のための教育論（大東亜教育論）であった。

教育学者の多くは大言壮語し、夥しいアジア侵略教育論を著したのである。

15年戦争期（1931～45年）、1000万人以上の国民が軍人・軍属として動員され、そのうち230万人以上が戦没、全体で300万人にものぼる犠牲者がでた。

しかし、犠牲はここに尽きない。15年戦争は日本国家が開始した侵略戦争であり、諸外国人の被害はこれをはるかにしのいだ。東アジア地域だけでも2000万人近い死者が生み出された。一部の例外をのぞいて教師の多くは、結果として、この2000万人の犠牲を生んだ戦争の協力者であった。彼らは、子どもたちを戦場に送り、軍国と侵略主義の少年少女を育てた。

戦後の教育は、したがって、これまで述べてきた教育運動の豊かな成果を引き継ぐとともに、他方、戦争に加担し、その協力者に転じた自らの教育と教育学における戦争責任を自覚して再出発しなければならなかった。しかし、戦後教育改革時の「公職追放」や「教職適格審査」はこの役割を十分にはたせなかった。

戦前の教育と教育学がなにゆえアジア侵略の教育（学）に行き着いたのか。この問題の解明は21世紀に引き継がれた最重要課題の一つである。

参考文献
中野光『改訂増補大正デモクラシーと教育』新評論、1990年
安川寿之輔ほか『日本近代教育と差別——部落問題の教育史的研究』明石書店、1998年
堀尾輝久『天皇制国家と教育』青木書店、1987年
土屋基規『近代日本教育労働運動史研究』労働旬報社、1995年
佐藤広美『総力戦体制と教育科学』大月書店、1997年
寺﨑昌男ほか『総力戦体制と教育』東京大学出版会、1987年
駒込武ほか『戦時下学問の統制と動員 日本諸学振興委員会の研究』東京大学出版会、2011年

第6章 戦後日本の教育史―復興からグローバリゼーションへ

1 戦後民主主義教育

　1931年の満州事変から15年間続いた戦争は，1945年8月15日の天皇による「ポツダム宣言」受諾の詔書によって終結した（降伏の調印は9月2日）。その間の戦死者は日本人が約300万人，日本の侵略戦争による諸外国の戦死者は約2000万人に及んでいる。「ポツダム宣言」の受託により日本は連合国軍最高司令部（GHQ）の統治下におかれ，1951年のサンフランシスコ条約締結まで米軍の占領政策が続くこととなる。

　マッカーサーによる占領政策の基本は，戦前の超国家主義，軍国主義を解体し，民主主義国家への再建を促すことにあった。戦後民主主義の改革である。同じくマッカーサーが統治した韓国やフィリピンにおいては何ら民主主義政策がとられなかったことに留意する必要がある。マッカーサーによる対日政策の目的は，軍国主義の廃絶と同時に，アジアの革命を阻止する砦として日本を活用することにあった。マッカーサーは，この目的を達成するために戦争責任を免責して天皇制を擁護しつつ，民主化を推進する憲法を日本政府につくらせ，同時に沖縄をはじめ各地に米軍基地を配置した。

　戦争が終結する以前から，学校教育は崩壊状態にあった。多くの学校が空襲で焼かれ，小学校は学童疎開，軍事教練，子どもたちのいじめと荒れによって崩壊し，中学校，女学校，高等学校の生徒たちは学徒動員によって軍事工場へと駆り出され，大学の多くの学生が特攻隊などの学徒出陣を強いられていた。

　終戦直後から教育の再建の努力が開始された。文部省は終戦直後に「新日本建設の教育方針」を発表して平和国家の建設を掲げ，教科書から軍国主義的な

教材を削除するための「墨塗り」がおこなわれた。終戦直後の教育改革を主導したのはGHQの民間情報局（CIE）であった。民間情報局は文部省との密接な連携により，戦後民主教育の推進を担うこととなる。

1946年3月，マッカーサーの要請により第一次アメリカ教育使節団が来日する。当初，この使節団の団長はジョン・デューイが予定されていたが，デューイは高齢のため実現せず，ストッダード団長以下27名が来日し，戦後の教育改革の基本路線を提言した。団員の多くがアメリカの進歩主義教育（progressive education）の推進者であり，この報告書によって戦後の新教育が準備されることとなる。文部省は教育使節団の報告を受けて，「新教育指針」を作成し，戦後教育改革の第一歩を踏み出している。

第一次教育使節団の報告に対応する委員会として文部省は，第一高等学校（のちに東京大学教養学部）校長の安倍能成を委員長（1年後には南原繁東大総長が委員長）とする教育刷新委員会を組織した（1946年8月）。教育刷新委員会は日本側の教育改革構想を審議し提案した委員会であり，教育基本法の草案，6・3・3制の提案，大学における教員養成の提案など，戦後教育改革の基本となる政策を審議し提案した。

教育刷新委員会の最も重要な役割は「教育基本法」を準備することにあった。戦前の教育政策は勅令主義によっておこなわれ，財政関係を除いては法令主義をとっていなかった。勅令主義から法令主義へと移行するためには，新しく準備されている憲法に準拠し教育関係のすべての法令を基礎づける根本となる法を制定する必要があった。さらに，「教育勅語」については無効化の指令が出てはいたが，その存続を求める声は根強く，新しい憲法に照応し「教育勅語」に代わる教育理念を法令で明示する必要があった。

「教育基本法」が教育刷新委員会において審議されていた1946年11月，「日本国憲法」が公布された。「日本国憲法」は個人の尊厳と主権在民と平和主義を前文で謳い，第26条で「教育を受ける権利」と「義務教育の無償」を規定した。この憲法によって子どもの学習する権利が法的に実現し，「日本国憲法」に基づく「教育基本法」が定められ，「教育基本法」を原理として学校教育法

などの一連の教育法規が制定されて，1947年には教育制度が法的に整備された。

戦前の学校制度は，8年間の小学校の義務教育（小学6年と高等小学2年）と複雑な複線型の中等教育で構成されていたが，戦後改革によって新制中学を含む9年間の義務教育制度へと移行し，単線型の6・3・3・4制へと移行した。

教師教育制度も，教育刷新委員会の提言を受けて改編された。戦前は，小学校教員は師範学校（高等小学校卒業後3年間）において養成されていたが，戦後は「大学における教員養成」と「開放制」の二つの原則によって，リベラルアーツを基礎とする教師教育へと移行した。当時，大学において教員養成をおこなっている国はアメリカの16州のみであった。この改革によって戦後日本は，世界最高レベルの教育水準による教師教育を実現することとなった。

2 戦後新教育の展開

1947年4月，憲法，教育基本法，学校教育法に基づく新たな教育理念と学校制度へと移行し，「戦後新教育」と呼ばれる民主主義教育が開始された。国家を中心とする教育から主権者である個人を中心とする教育への大転換であった。文部省は「学習指導要領（試案）」を作成し，新教育の普及に努めた。新たに作成された「学習指導要領（試案）」は，（試案）の表記が示すように，教育課程は学校が自主的に編成するものであるが，そのための過渡的措置として文部省が試案を提示するという趣旨で作成された。

「学習指導要領（試案）」は，アメリカのヴァージニア州などのコース・オブ・スタディをモデルとしており，新教科である社会科を中心に単元学習が全国に普及した。カリキュラム運動の展開である。カリキュラム運動は，全国津々浦々の学校で展開され，軍国主義教育から民主主義教育への転換の推進力となった。そのピーク時の実態は，1950年に実施された国立教育研究所の調査および東京大学カリキュラム委員会の調査によって知ることができる。それらの調査によると，約7割の小学校，中学校が学校独自のカリキュラムの作成に挑戦し，約8割の教師たちが子どもを中心とする単元学習の実践を試みている。国際的

にみても，これほど新教育が普及した事例はない。

戦後新教育は，教師たちの創造的実践を促進した。山形県の山村にある山元中学校において青年教師の無着成恭が実践した生活綴方教育の記録『山びこ学校』(1950年)は，山村の新制中学校における民主主義教育の実践としてベストセラーとなった。この例にみられるように，教師たちは大正新教育と戦後初期の生活綴方教育の伝統を継承して民主主義教育の遂行者へと自己変革を遂げていった。もう一つの戦後新教育実践の象徴は，斎藤喜博が校長を務めた群馬県の島小学校の実践 (1952-63年) である。斉藤は「授業の変革」を「学校づくり」の中心にすえ，子どもの可能性を開く教師の専門家像を提示した。

教育行政の仕組みも改革された。戦前の教育行政は勅令主義であり，文部省と県の視学が中央集権的に学校を監視し統制したが，新学制では都道府県・市町村に教育長と教育委員会を配置し，地方分権による教育行政へと移行した。戦後直後の構想では，教育長による専門家統制と公選制の教育委員会委員によるレイマン・コントロール (素人による統制) の二つを組み合わせる原理で制度が構想されていた。

教師たちの組織も改組された。1945年の終戦直後に連合国軍最高司令官総司令部 (SCAP) は，民主化の一環として教員労働組合の結成を指令していた。戦前，教師たちは職能団体である帝国教育会を組織していたが，帝国教育会は軍国主義教育を推進した団体として解体され，新たに教員労働組合が地方ごと小中・高等学校・大学ごとに組織された。1947年6月，それらを統合して日本教職員組合の結成大会が開かれた。その翌年1951年には「教え子を再び戦場に送るな，青年よ再び銃を取るな」のスローガンを中央委員会で採択している。

3 新教育批判と逆コース

戦後新教育における民主主義教育は，1947年以降急激に展開したが，短命であった。1949年に毛沢東の率いる中国共産党による中華人民共和国が成立

し，1950年に朝鮮半島において朝鮮人民共和国が成立するのに伴って同年6月，朝鮮戦争が勃発してアジア地域における米ソ対立が顕在化すると，マッカーサーは警察予備隊（現在の自衛隊）の創設を指示して再軍備の道を開き，日本を「反共の砦」とする政策を推し進めることとなる。日本政府も1951年の主権回復（サンフランシスコ条約）を前にしてアメリカとの軍事同盟（日米安保条約）締結の政策へと移行し，「逆コース」と呼ばれる教育の反動化が推進されることとなる。

「逆コース」の兆候は1947年の2.1ゼネストに対するGHQの中止命令に現れていたが，朝鮮戦争勃発によって顕在化した。1950年には「レッドパージ」（左翼の公職追放）が断行されて教員組合運動は打撃を受け，翌年には戦犯とされた軍国主義者の公職追放が解除されて，都道府県や市町村の教育行政に右翼系の公職追放者が復帰することとなった。1954年には「教育二法」（教員の政治的中立確保法と教育公務員特例法一部改正）によって教師の政治的意思表明が禁止され，1955年には日本民主党（現在の自由民主党）が『うれうべき教科書の問題』を小冊子で発表し，社会科教科書への攻撃を強めることとなる。

「逆コース」の展開によって新教育への批判も強まった。新教育への批判は，「道徳」教育と「基礎学力」の二つに集中していた。まず「道徳」では「教育勅語の復活」を求める声が政界の一部と一般世論において根強く，「愛国心」教育の必要性が叫ばれた。「愛国心」の教育の主張が日米軍事同盟へと結びつき，「愛国心」教育に反対する主張が日本の「独立と中立」へと連なるのは「よじれ」現象であるが，このよじれた構図は，今日まで続く道徳教育の基本的な構図を形成している。「愛国心」教育の展開は，「修身の復活」あるいは「特設『道徳』」の設置を求める教育改革へと展開した。

もう一つの新教育批判は「基礎学力」を中心に展開した。戦後新教育の単元学習や問題解決学習は「はいまわる経験主義」であり，読み書き算の基礎学力の低下を招いているという批判である。新教育によって「基礎学力の低下」が生じているかどうかの実証的データは存在しなかったが，子ども中心主義の教育が「基礎学力低下」を生じているという一般世論の思い込みは大きかった。

1947年以来，爆発的ともいえる普及をとげていた新教育は1950年ごろをピークとして次第に勢いを失っていった。

　文部省の政策も「逆コース」によって変化した。1947年版と1951年版の学習指導要領は「試案」として作成され，1951年版においてはいくつかの県（三重県，長野県など）において県独自の学習指導要領も作成されたが，1955年の社会科の学習指導要領および1958年の学習指導要領の改訂以後は「試案」の文字は消え，学習指導要領は国家の定める教育課程になった。1958年の学習指導要領は「官報」で告示されることにより法的拘束力を与えられ，以後，「学習指導要領」は教科書の検定基準として機能し，直接的に教科書を統制するものとなる。1958年までの教科書検定は装丁や用紙などの検定であったが，改訂学習指導要領以後は，教科書の内容を国家が検閲し統制をおこなうものとなった。さらに1958年の学習指導要領の改訂においては「道徳」が小学校に特設されることとなった。

　教育委員会制度も「逆コース」によって制度変更を余儀なくされた。1956年の地方教育行政法により，公選制から任命制へと改編された。この改編によって教育委員は県知事，市長の任命によって選ばれることとなり，民主的な教育行政の原理であった「政治権力からの中立」は制限されることとなる。

　一連の「逆コース」の展開によって，文部省と日本教職員組合との対立は決定的となった。いわゆる「文部省対日教組」の構図が，世界的な冷戦構造を背景とする「55年体制」（自民党与党対社会党野党第一党の体制）において形成された。

　「文部省対日教組」の対立構図を端的に示したのが勤評闘争である。勤評闘争は1958年に教員組合運動のピークを迎えるが，その起点となったのは1956年の愛媛県における教員の定期昇給の抑制策として昇給・昇格を「勤務評定」でおこなうことの決定であった。その後，「勤務評定」による教員統制の政策は全国化し，1958年には学校管理と教員統制のための方法として国会で審議され，日本教職員組合は「逆コース」の一環としての「組合つぶし」として猛烈に反発し，ストライキを含む全国的な反対運動を展開した。しかし，その後，

勤務評定による教員統制は各都道府県に浸透し，教師の自主的な組合活動や実践活動を制限することとなった．

4 高度成長と教育の官僚主義化

　日本経済は1951年に最低レベルに達するが，同年に勃発した朝鮮戦争による特需をバネにして急激な復興を遂げた．戦前の国家予算は3割以上を軍事費が占めていたが，戦後は，日米安保条約により国防をアメリカに一任することによって，多額の国家予算を経済の復興と教育の振興に充てることとなった．1958年には「もはや戦後ではない」（経済企画庁）といわれるほどの復興が実現した．さらに，安保闘争によって退陣した岸信介首相の後を継いだ池田勇人首相は，1961年「所得倍増計画」を打ち出し，海外輸出の増進による外貨獲得によって国民総生産を倍増する経済政策を展開し，農業の近代化，工業の近代化をはじめ産業全体の近代化が推進された．1968年には国民総生産（GNP）は，西ドイツを抜いて世界第2位となる．エネルギーは石炭から石油へと変わり，海岸にはコンビナートが立ち並び，「表日本」と「裏日本」という言葉が生まれるほど日本列島は過密と過疎に二分され，大衆消費社会が成立した．この高度経済成長は，1950年代からオイルショックの1971年頃まで続く．戦後の世界各国の経済成長率は，資本主義国，社会主義国，途上国を問わず平均4％であったが，1955～1973年の日本の実質経済成長率は毎年10％を超えていた．

　高度経済成長期の教育の特徴は量的拡充である．戦後直後の高校進学率は約40％，大学進学率は約10％であったが，1975年には高校進学率は91％，大学進学率は38％に達している．工業の急速な発展は「金の卵」と呼ばれる若年労働市場の急速な拡大と多様化をもたらした．都市近郊の工業地帯の人口が急増し，各都道府県では都市部を中心に高等学校の増設が急務となり，公立高等学校，国公立大学の増設の遅れにより私立高等学校，私立大学の増設が進行した．

　この時期の教育政策は，「46答申」と呼ばれる1971（昭和46）年の中央教育

審議会答申「今後における学校教育の総合的な拡充整備のための基本的施策」に代表される。「46答申」は，タイトルどおり教育の総合的な拡充政策を提起しており，大衆社会における高等学校教育のあり方を示し，明治初期と戦後に続く「第三の教育改革」の総合計画を示している。その特徴は，労働市場の変化に対応した後期中等教育（高等学校）の多様化にあった。

「46答申」の政策は，「マンパワー・ポリシー」と呼ばれる人材開発政策と教育投資論における「受益者負担主義」を基本原理としていた。人材開発政策においては，1966年の中教審答申「期待される人間像」における工業化社会における産業構造に適した人材の育成が追求され，能力主義的な教育と高等学校の多様化が推進された。また「受益者負担主義」の考え方により，大学の授業料は次第に高額化し親の教育費負担が増加している。

大衆社会の出現は，大学への受験競争を激化させた。予備校産業が発展し，小学校時代から塾に通い，中学校，高等学校に模擬試験が普及し，高校生と浪人生は予備校へ通う状況が一般化した。

欧米諸国では1968年と1969年に学生たちが社会に異議申し立てをおこなう学生運動が勃発したが，日本においても1969年，70年安保闘争と連動して大学紛争が全国の大学で展開された。学生たちは社会における大学の役割を問い，大学と学問の権威を問い直す運動を起こした。大学紛争は，セクト間の抗争と大学当局の機動隊導入によって衰退し，結果的には，大学立法によって大学の国家統制を強めることになったが，大学と学問と社会の関係について問いを投げかけるものであった。

文部省は1968-70年の「学習指導要領」において，科学技術の成果を学校カリキュラムに導入する「教育の現代化」を推進し，各都道府県の教育委員会に科学教育研修センター（のちに教員研修センター）を設置した。「教育の現代化」に呼応して，日本教職員組合も「教育課程の自主編成運動」を提起し，民間教育運動の諸団体において教材開発の運動が展開された。数学教育協議会の遠山啓が開発した「水道方式」，仮説実験授業研究会の板倉聖宣が開発した「仮説実験授業」など，各教科において多様な優れた教材が開発され，教科教育の授

図6-1 高校・大学進学率の推移

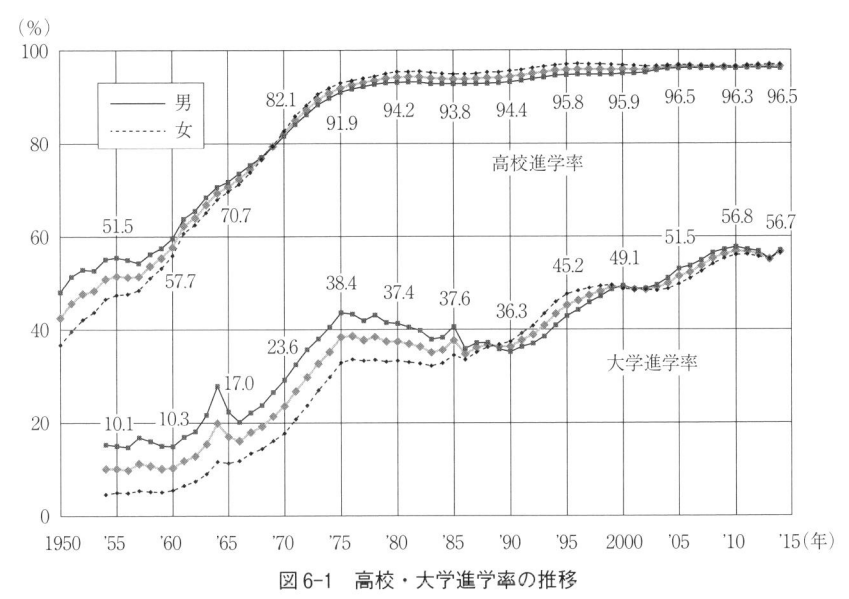

(注) 高校進学率は，中学校卒業者及び中等教育学校前期課程修了者のうち，高等学校等の本科・別科，高等専門学校に進学した者 (就職進学した者を含み，浪人は含まない。) の占める比率。大学進学率は，大学学部・短期大学本科入学者数 (過年度高卒者等を含む) を3年前の中学校卒業者数及び中等教育学校前期課程修了者数で除した比率。数字は男女計の値。最新2014年は速報
e-Stat 学校基本調査　年次統計より

業実践の改善がはかられた (現在，この時期の民間教育団体が開発した文学教材，数学教材，科学教材などの多くが教科書の教材として採用されている)。

　高度経済成長は農村から都市へ大量の労働力を移動させ，都市部においては人口の過密や貧困や公害などを派生させて，「地域と教育」の問題群を生じさせることとなった。「地域に根ざす教育」のあり方が，多くの教師たちの関心を呼び起こしている。兵庫県の教師，東井義雄は『村を育てる学力』(1975年) を著し，学校が「村を捨てる学力」を教育している状況を告発した。山形県の詩人，真壁仁は「地域」を教育の源泉とする教育運動を展開している。そのほか，三重県の「員弁の教育」，京都府の「奥丹後の教育」など，全国各地で地域に根ざす教育が展開された。

1980年は，教育問題が全国的に報じられる年となった。戦後の急激な経済成長が内包していた教育問題が噴出した年であった。三重県の尾鷲中学校において校内暴力が発生し，警察を導入し卒業式がおこなわれると，校内暴力の嵐は全国の中学校を席巻するにいたる。家庭内暴力が話題になったのもこの年である。少年非行の激化も人々の関心を集めた。中学生を中心に子どもたちの反乱が学校と家庭と地域において表面化した。

1980年は高校進学率が97％，大学進学率が37％に達し，明治以来の就学率の急上昇が終焉を迎えた年である。明治以来，学校教育は親の世代より高い教育水準と社会的地位を保障してくれたが，1980年以降，そのメリットは失われ，学校は人生の成功を確約する場所ではなくなり，多くの子どもにとって挫折と転落を経験する場所へと変化した。それに伴って学校への信頼と教師への尊敬は失われ，社会移動を求める学びのインセンティブは失われた。事実，日本の子どもは1970年代までは，世界最高水準の勉学意欲を維持していたが，1980年代以降，子どもの勉学意欲は低下し，1990年代以降は，世界最低水準まで落ち込んでいる。「学びからの逃走」である。

5　臨時教育審議会以後の教育改革―新自由主義政策の展開―

戦後の教育政策に一大転換をもたらしたのが，1984年に組織された中曽根首相の諮問機関「臨時教育審議会」の一連の答申であった。「臨時教育審議会」は，イギリスのサッチャー首相，アメリカのレーガン大統領が遂行していた新自由主義の教育改革を日本において断行することを企図していた。

新自由主義（ネオ・リベラリズム）は，シカゴ大学の新古典派の経済学者ミルトン・フリードマンの経済理論による改革であり，「小さな政府」を標榜し，公共的領域を可能な限り民営化して市場競争原理にゆだね，人々の自由な競争と自由な選択と自己責任によって社会を統制するイデオロギーと政策である。市場万能主義のイデオロギーと政策といってもよい。

「臨時教育審議会」は，中央集権的な教育行政の画一主義が少年非行やいじ

めの原因であるとし,「教育の自由化」をスローガンとして公立学校の民営化（私立学校化）を標榜していた。この構想は，教育の平等を破壊するという文部省の強い抵抗によって頓挫するが，その後は「教育の個性化」を掲げて，市場原理による教育改革を遂行した。学校選択制度の導入，教育消費者のニーズに即した学校の多様化，競争原理の導入，子どもと親の自由な選択と自己責任の徹底，公教育の「スリム化」などの施策である。

　新自由主義の教育改革は，中央集権的で画一的な教育行政からの脱却を主張していたため，教育の自由を求める多くの人々の支持を獲得した。加えて，校内暴力などで困難をかかえていた公立学校に対するマスメディアの批判は厳しく，教師たちもマスメディアによって批判にさらされていた。公立学校と教師は「スケープゴート」（贖罪羊）であった。

　新自由主義の教育政策は，学校教育を社会の責任から行政のサービスへと変化させ，教育を商品のように市場競争のなかに位置づけることとなり，その結果，教師と親の関係も責任を共有する関係から親の要望に教師が応える関係へと変化して，相互の信頼関係を崩している。その結果，どの学校でも「保護者対応」が困難な仕事の一つになった。

　中曽根首相は国有鉄道の民営化（JR）と日本電電公社の民営化（NTT）はおこなったが，日本郵政の民営化（のちに小泉首相が実現）と公立学校の民営化（教育の自由化）は達成しなかった。しかし，その後，新自由主義の教育政策は今日まで持続している。

　新自由主義のもとで労働組合も再編され，1950年以来の日本労働組合総評議会（総評）は左右に分裂し，日本教職員組合も1989年に日本教職員組合と全日本教職員組合へと分裂した。それに伴って現在組織率も約3割程度へと低下させている。

　1995年，新自由主義の政策は新たな段階にいたる。この年，自由民主党と日本社会党が連立政権を組織して，文部省と日教組の「歴史的和解」が成立している（「文部省対日教組」の時代の終焉）。

　この年，経済同友会は「21世紀の学校像」として「学校から合校へ」を発

表した。「学校から合校へ」は，現在の学校教育の機能を，国語と算数・数学と歴史と道徳を教える「基礎教室」と他教科を教える「自由教室」とクラブ活動や諸行事を担う「体験教室」に三分割し，「基礎教室」だけを公教育とし，「自由教室」は民間の塾やカルチャースクール，「体験教室」は地域のボランティアやスポーツ企業に委譲する構想であった。公教育を3分の1にスリム化するプランであり，これにより画一主義の弊害がなくなり，いじめや学級崩壊は解決されると主張していた。

「学校か合校へ」の構想は，発表直後に文部大臣と中央教育審議会委員長の賛同を得て，半年後には日教組委員長も賛同の表明を行っている。新自由主義の教育政策は，1990年代半ばには教員組合を含む幅広い支持を獲得している。

新自由主義の教育政策は，大学政策においては国立大学の法人化として具体化された。2002年，すべての国立大学は独立行政法人として民営化され，運営費交付金を文部科学省から受け取るが，そのほかの財源は各大学が自主的に取りつけ，各大学独自の政策によって運営されることとなった。この改革は，大学の自主性と創造性を保障しているが，現実には，東京大学など一部の大学を除けば，どの大学も財源に苦しむ状態を余儀なくされ，大学教員は業績競争と競争的資金の評価に追われつづける事態になった。

新自由主義の自己責任の原理によって，保護者の教育費負担も増加した。日本の公教育費の GNP 比と政府予算比は，OECD 加盟国中最低レベルに落ち込んでいる。日本の公教育費は，戦後30年間は GDP 比 4.8～5.1％（世界平均は2～3％）であり，世界トップ水準にあった。しかし，臨時教育審議会以降は，年々減少し続け，現在は GDP 比 3.5％（世界平均は 5.8％）であり，世界で最低レベルにある。その結果，親の教育費負担は世界最高水準であり，大学生の奨学金もすべて有利子になり，高等教育の進学率は，諸外国の急激な上昇と比べ，低迷する状態が続いている。学校の教育環境も劣悪である。現在，世界の中学生の90％以上が30人以下の教室で学んでいるが，日本の中学生の90％以上は30人以上の教室で学んでいる。

新自由主義の教育の政策論争の一つになったのが，義務教育費の国庫負担問

題である。小学校，中学校は市町村立であるが，教育の平等を保障するために，戦前から義務教育費の半分は国が負担する制度がとられてきた。現実には小学校，中学校の教師の給与の半額が，国の負担で支払われていた。小泉首相はこの国庫負担制度を全廃し，すべて一般財源化して都道府県に与える政策を示したが，2005年，教育の平等を求める文部科学省や教育関係団体の強い抵抗もあって，義務教育費の国庫負担を2分の1から3分の1に削減することで決着をみている。これ以後，文部科学省は新自由主義の政策とは距離をおくようになり，教育財源をめぐって財務省との対立が激化している。

　新自由主義の政治のもとで，最も弊害を受けたのは子どもと教師である。とくに貧富の格差の拡大と労働市場の変化が，子どもと若者と学生の生活に与えた影響は大きい。戦後直後の日本は貧富の格差の最も少ない国の一つであったが，現在，日本の相対貧困率はOECD加盟国のなかで高い国の一つになっている。2009年に厚生労働省が公表した2006年の子どもの相対貧困率は14.3％であり，2012年には16.3％へと上昇している。ひとり親世帯の子どもの相対貧困率は54.6％に達し，OECD諸国で最悪の状態にある。労働市場の崩壊も顕著であり，現在，非正規雇用の割合は40％を超えている。正規雇用の平均年収は478万円であるが，非正規雇用の平均年収は170万円と低迷し，その多くが若者と女性であることに留意する必要がある。

　教師は多忙化に苦しんでいる。TALIS2013（第二回国際教員指導環境調査）によれば，日本の教師の週当たりの労働時間は54時間（世界平均は38時間）であり，給与の待遇も低迷している。教職の専門職化も未達成である。TIMSS2012の調査結果によれば，調査対象国67カ国で，小学校教師の22％，中学校教師の24％が修士号取得者であるのに対して，日本の修士号取得者の教師は小学校で5％，中学校で9％であり，世界最低レベルにある。これらの現実は，新自由主義の「公教育のスリム化」による結果といってよいだろう。

6　グローバリゼーションのなかの教育

　1989年にベルリンの壁が崩壊し冷戦構造が終結を遂げて以降，急速なグローバリゼーションが進行している。グローバリゼーションは，世界単一の市場の拡大であり，経済，政治，文化の世界化であり，EU統合に象徴される経済，政治，文化の地域化であり，同時に地域共同体を単位とするローカル化でもある。グローバリゼーションによって国民国家の時代は終わりを迎えつつあり，教育の目的も「国民の教育」から「市民（世界市民，国民としての市民，地域共同体の市民）の教育」へと変化している。

　1990年代以降，世界各国は教育を国家政策の中心に位置づけ，グローバリゼーションに対応した「21世紀型の学校」を求める改革を遂行してきた。その特徴をOECD加盟国のナショナルカリキュラムにおいて検証すると，以下の4項目が共通した改革課題として掲げられている。①知識基盤社会への対応（ポスト産業主義社会の教育），②多文化共生社会への対応，③格差リスク社会への対応，④成熟した市民社会への対応（市民性の教育）の四つである。

　日本は先進諸国の一つであるが，ほかのOECD加盟国と比べて，上記の4課題の改革は必ずしも重視されてはいない。むしろ，安倍政権以後，新自由主義の教育改革に加えて新保守主義の教育改革が遂行され，ナショナリズムの強い改革が顕著になっている。第一次安倍政権は「戦後レジームからの脱却」を掲げ，2006年，戦後民主主義教育の象徴であった「教育基本法」を改正し，「愛国心」をはじめ多くの徳目を教育理念に掲げる改編をおこなった。さらに，第二次安倍政権は，首相諮問機関として「教育再生実行会議」を組織し，2014年に教育委員会を都道府県知事，市町村長の附属組織へと変更する改革をおこない，2015年には「道徳」を特別な教科として設置することを決定している。

　グローバリゼーションは，新しい時代を生きる子どもたちに新しい学力を要請している。2000年から3年ごとにOECDが実施しているPISA調査は，21世紀に必要とされる学力を「コンピテンシー」（教科を超えた能力）と「リテラシー」（教科の教養）で定義して義務教育終了段階の学力調査（読み方，数学，科

学など）を実施し，各国の教育政策を決定するデータを提供している。日本は，1960年代以来の国際学力テストにおいて世界トップ水準を維持していたが，知識の記憶や定着の度合いを測るのではなく，知識の活用による思考・探究と批判的思考力を重視するPISA調査では，フィンランドやカナダなどにトップ水準の位置をあけわたす結果となった。2000年，2003年，2006年とPISA調査における日本の学力の順位は下がり続けた。

　PISA調査に先行して，マスコミを通じて「学力低下」を憂うる「ゆとり教育批判」が人々の関心を強めていた。1989-90年の学習指導要領改訂において文部科学省は「詰め込み教育」を脱し「関心・意欲・態度」を重視する「新しい学力」を追求するため，教育内容の3割削減をおこなっていたが，それに対する批判が高まったのである。「PISAショック」と「ゆとり教育批判」への対応として，文部科学省は2011-12年の学習指導要領の改訂では，「PISA型学力」への対応として「知識の活用能力」を重視し「思考力・判断力・表現力」を育てる教育を提起し，さらに次の学習指導要領改訂においては「アクティブ・ラーニング」（主体的で協同的な学び）を実現する授業とカリキュラムの改革を追求すると言明している。

　学力低下を懸念する世論によって，2007年から毎年，全国学力・学習状況調査が実施されることとなった。全国学力・学習状況調査の結果は都道府県別のランクで公表され，各都道府県の教育政策に強い影響を与えている。新自由主義の教育政策では，学力調査の結果は学校と教師の説明責任を問うアカウンタビリティ政策として具体化される。学校と教師は責任追及と競争を強いられ，教育の自主性と創造性に対する危惧が生じている。

　グローバリゼーションへの対応として，経済の国際競争に対応できる「グローバル人材の育成」が教育改革の主要な課題として提起されている。小学校における英語教科の導入，大学教育における英語力の重視など，「グローバル人材の育成」は英語能力を中心に進められている。教育財源の削減に苦しむ大学が，どのようにして研究と教育において国際的に高い位置を保持するかも重要な課題である。

グローバリゼーションへの対応が迫られるなか，2011年3月11日，東日本大震災が襲い，福島第一原子力発電所の事故が発生した。東日本大震災の死者と行方不明者は，1万8000人を超え，倒壊した建物は40万戸，避難者は40万人に及んだ。大震災によって生じた福島第一原子力発電所事故により大気中に放出された放射能は，広島の原子爆弾の4000倍以上に達し，今なお，広島の原子爆弾1万発以上の核燃料が溶解し統御不能状態におかれている。東日本大震災と福島第一原子力発電所事故は，資本とテクノロジーの暴走によって経済成長に邁進してきた日本社会のあり方を問い直している。教育においても「持続可能性の教育」の必要性，地域社会における学校と教師の役割を問い直すものとなった。

　少子高齢化が進行する日本において，どのような教育によって経済の繁栄を維持しうるのか。急激な産業構造の変化に対応して，どのような教育が未来を担う子どもたちの社会参加と幸福追求の権利を保障しうるのか。さらに緊張を強めるアジアと世界の動向を前にして，どのような教育が平和と民主主義を擁護しうるのか。これからの教育において問うべき課題は多い。

参考文献
大田堯『戦後日本教育史』岩波書店，1978年
堀尾輝久『日本の教育』東京大学出版会，1994年
稲垣忠彦『戦後教育を考える』岩波書店，1984年

資　　料

各国の学校系統図
外国教育史年表
日本教育史年表

各国の学校系統図（出所：文部科学省「教育指標の国際比較」2013年）

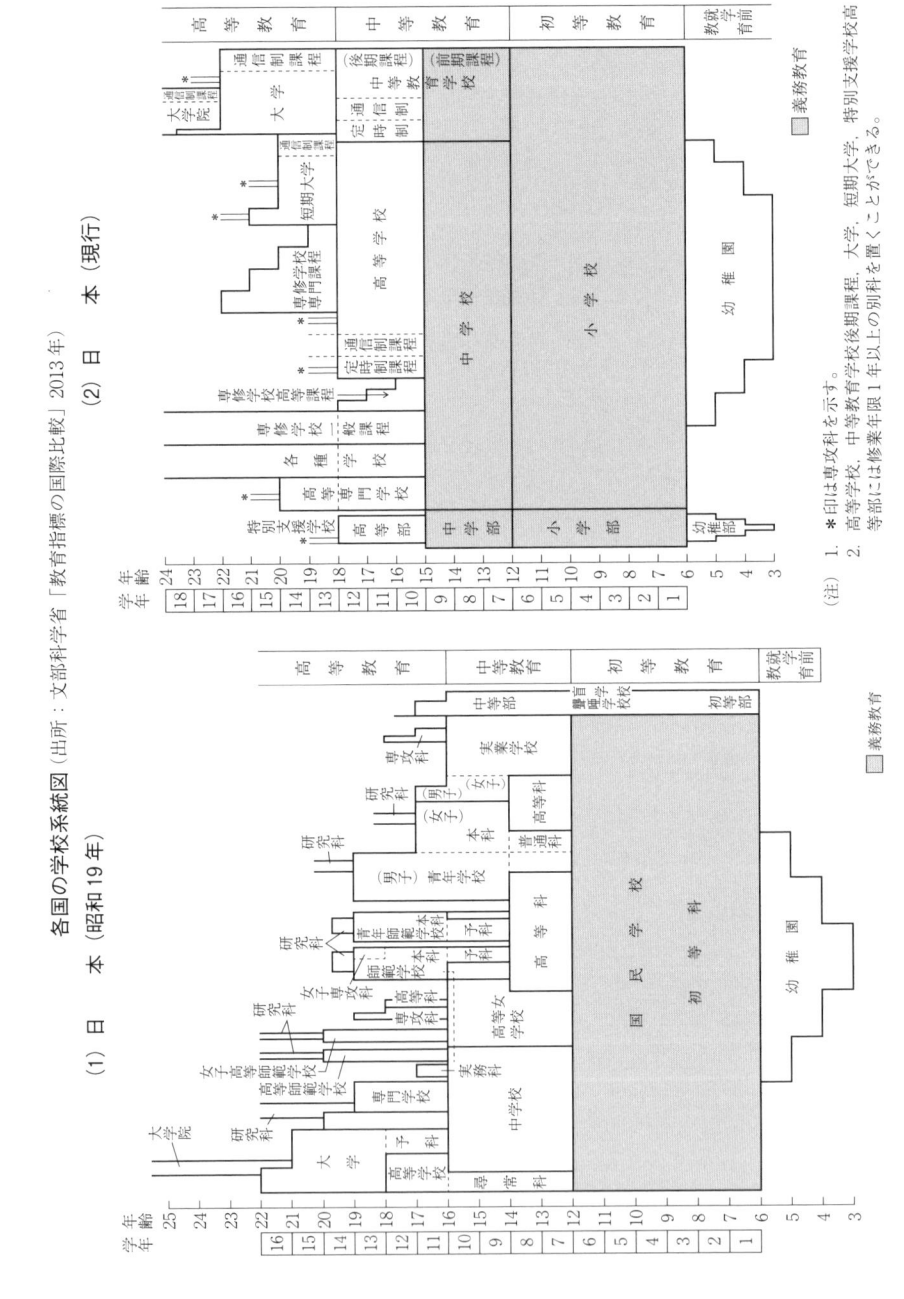

(2) 日　本（現行）

(1) 日　本（昭和19年）

（注）
＊印は専攻科を示す。
1. 専修学校、中等教育学校後期課程、大学、短期大学、特別支援学校高等部には修業年限1年以上の別科を置くことができる。

資　料　169

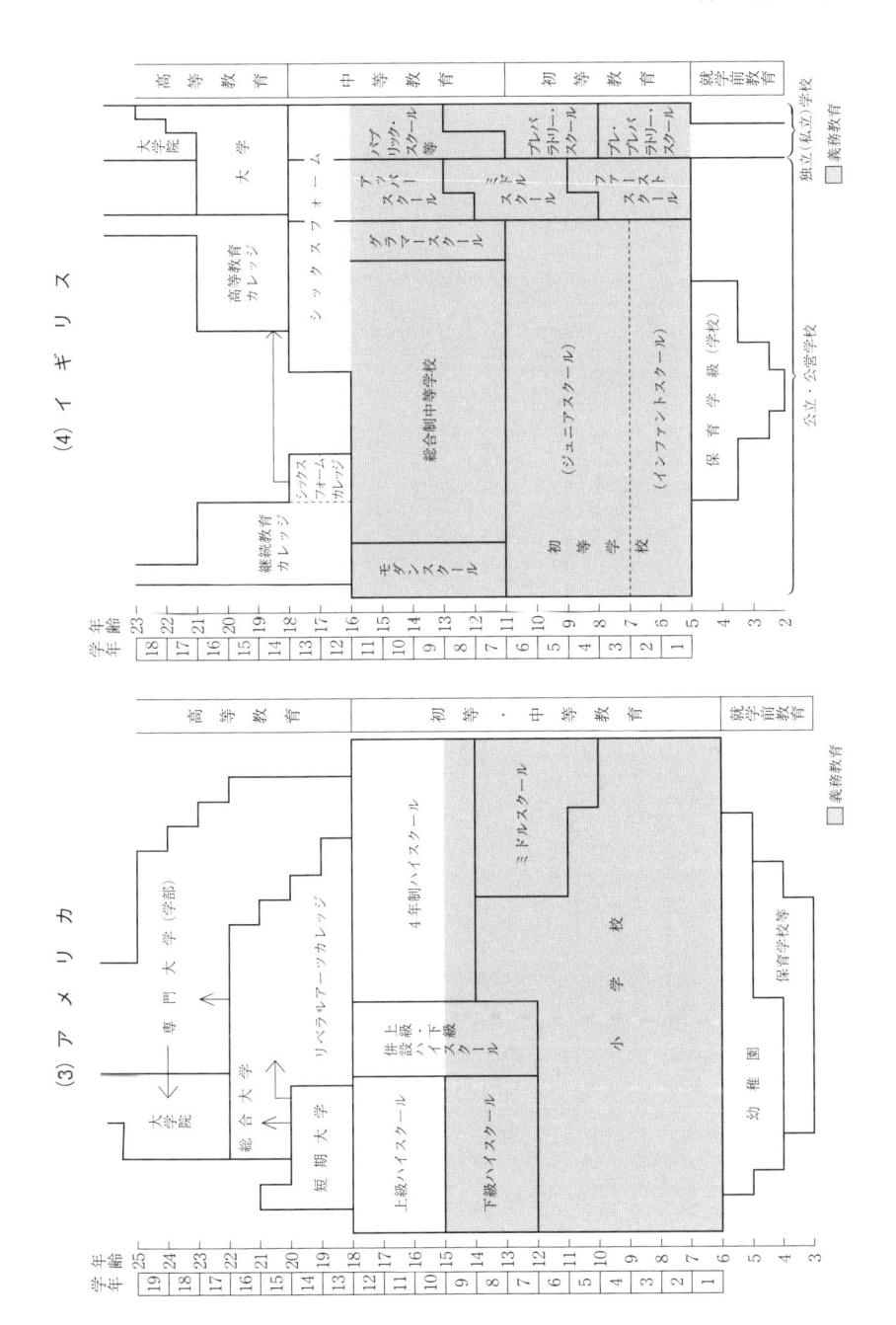

(4) イギリス

学前教育 / 初等教育 / 中等教育 / 高等教育

義務教育

私立学校（私立学校）
独立学校
公立・公営学校

- 保育学級（学校）
- 初等学校（インファントスクール）（ジュニアスクール）
- プレパラトリースクール／プレパラトリースクール
- パブリックスクール等
- モダンスクール
- グラマースクール
- 総合制中等学校
- シックスフォーム
- 継続教育カレッジ
- 高等教育カレッジ
- 大学
- 大学院

年齢: 2, 3, 4, 5, 6, 7, 8, 9, 10, 11, 12, 13, 14, 15, 16, 17, 18, 19, 20, 21, 22, 23
学年: 1, 2, 3, 4, 5, 6, 7, 8, 9, 10, 11, 12, 13, 14, 15, 16, 17, 18

(3) アメリカ

就学前教育 / 初等・中等教育 / 高等教育

義務教育

- 保育学校等
- 幼稚園
- 小学校
- ミドルスクール
- 下級ハイスクール
- 上級ハイスクール
- 4年制ハイスクール
- 併設上級・下級ハイスクール
- 短期大学
- リベラルアーツカレッジ
- 総合大学
- 専門大学
- 大学（学部）
- 大学院

年齢: 3, 4, 5, 6, 7, 8, 9, 10, 11, 12, 13, 14, 15, 16, 17, 18, 19, 20, 21, 22, 23, 24, 25
学年: 1, 2, 3, 4, 5, 6, 7, 8, 9, 10, 11, 12, 13, 14, 15, 16, 17, 18, 19

170　資　料

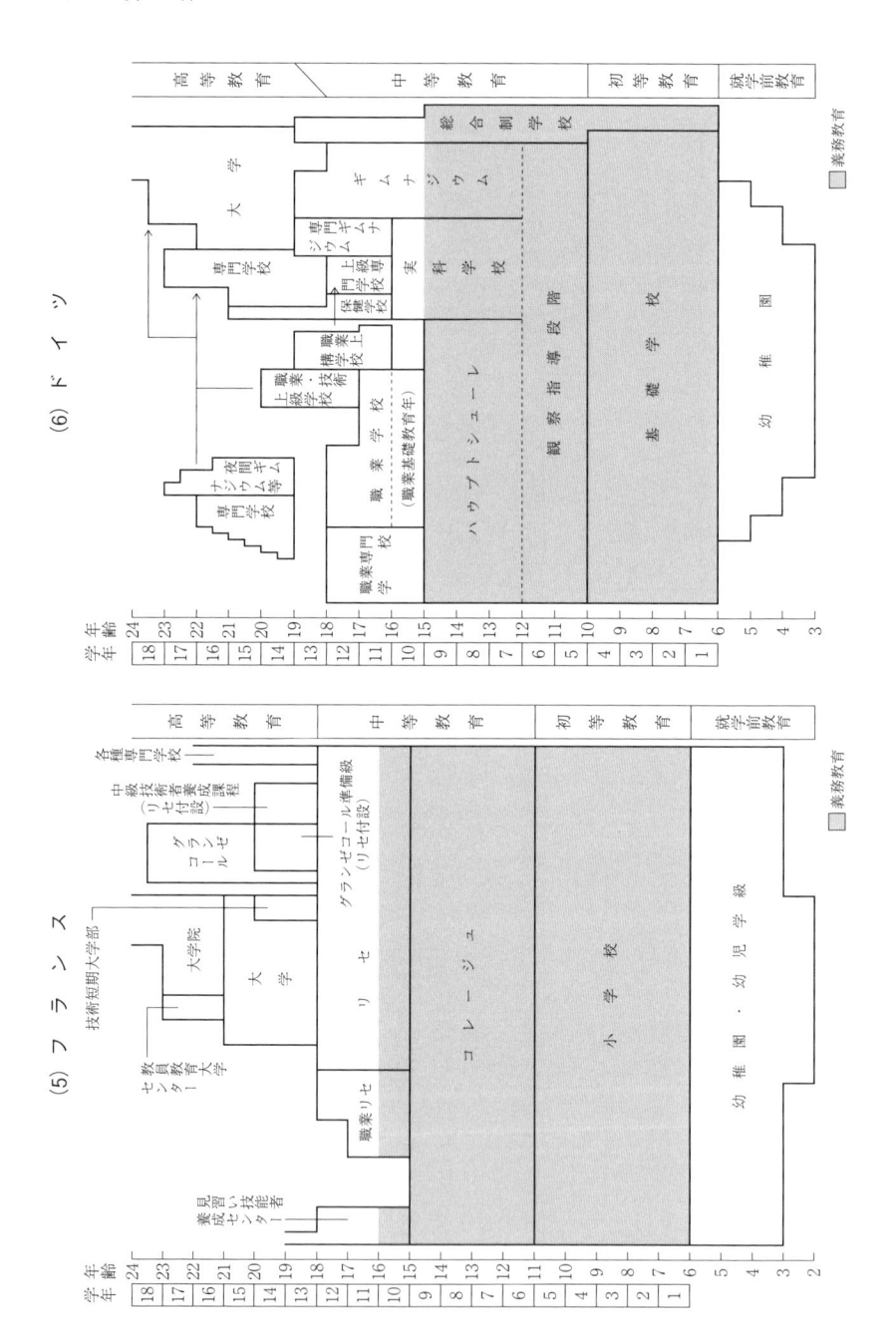

(5) フランス

(6) ドイツ

資料　171

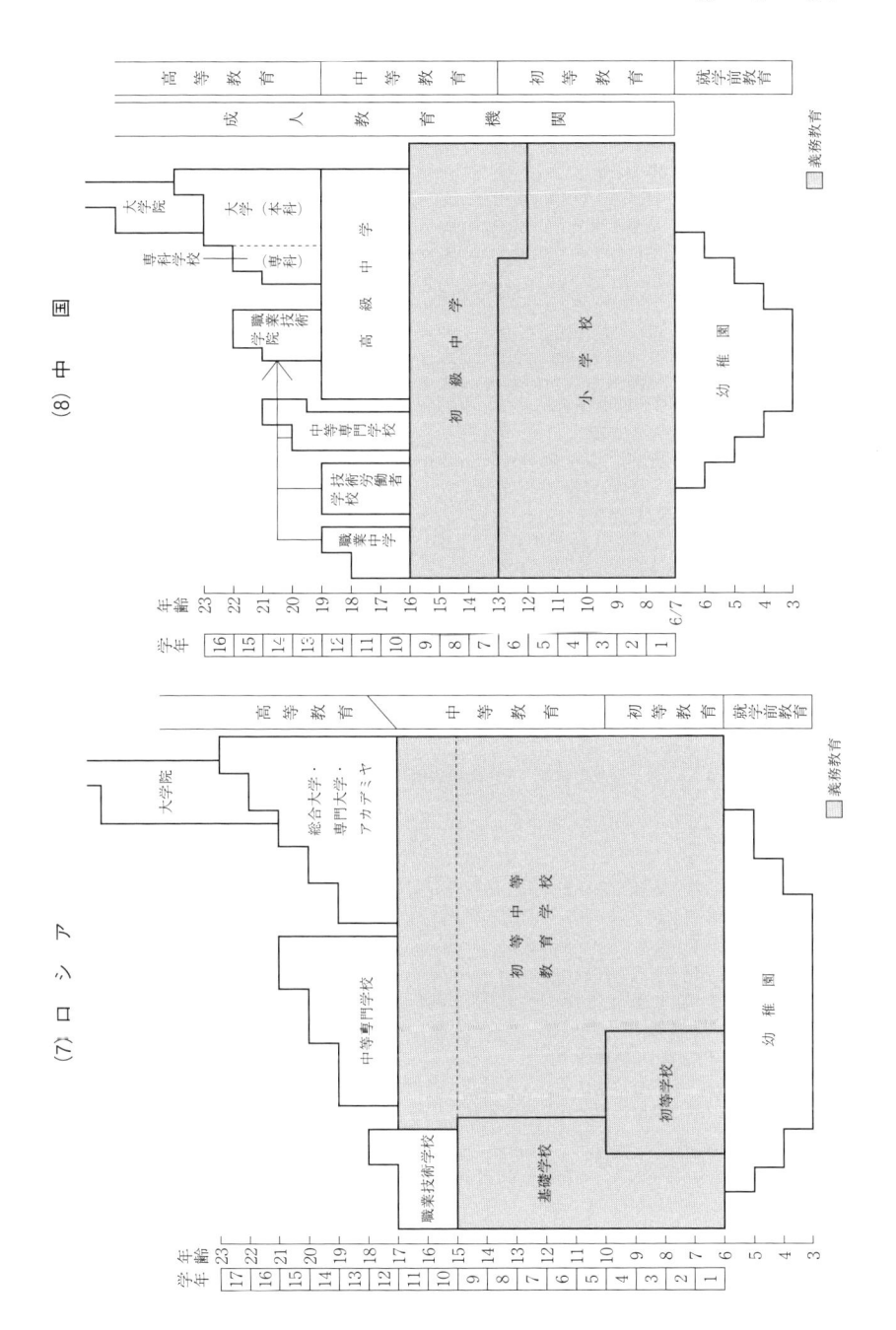

(8) 中国

就学前教育／初等教育／中等教育／高等教育

成人教育機関

幼稚園／小学校／初級中学／高級中学／大学（本科）／大学院
職業中学／技術学校労働者／中等専門学校／職業技術学院／専科学校／専科

義務教育

年齢: 23 22 21 20 19 18 17 16 15 14 13 12 11 10 9 8 7 6/7 5 4 3
学年: 16 15 14 13 12 11 10 9 8 7 6 5 4 3 2 1

(7) ロシア

就学前教育／初等教育／中等教育／高等教育

幼稚園／初等学校／基礎学校／初等中等教育学校／職業技術学校／中等専門学校／総合大学・専門大学・アカデミヤ／大学院

義務教育

年齢: 23 22 21 20 19 18 17 16 15 14 13 12 11 10 9 8 7 6 5 4 3
学年: 17 16 15 14 13 12 11 10 9 8 7 6 5 4 3 2 1

外 国 教 育 史 年 表

時代	教 育 史（事項・人名）	一 般 事 項
古代（B.C.7c〜A.D.4c）	B.C. 552　孔子生（〜479） 　　　469　（or 470）ソクラテス生（〜399） 　　　388　プラトン「アカデメイア」開設 　　　355　アリストテレス「リュケイオン」開設 　　　106　キケロ生（〜43） A.D. 35　クインティリアヌス生（〜100?） 　　　　4　キリスト生（〜30ごろ刑死）	B.C. 776　第1回オリンピア開催（ギリシア） 500〜476　ペルシア戦争 336〜323　アレクサンドル時代 　　　60　第1回三頭政治 　　　27　ローマ帝政となる A.D.375　民族大移動
中世（5c〜13c）	784　カール大帝の宮廷学校（アルクィン）開設 800　カール大帝義務教育令 1050　サレルノ大学，国王の特許をうく（伊） 1158　ボローニャ大学，特許をうく（伊） 1180　パリ大学，特許をうく（仏） 1209　ケンブリッジ大学創立（英） 1289　ハンブルグ市，市学校公認（独）	476　西ローマ帝国滅ぶ 768〜814　カール大帝（カロリンガ・ルネサンス） 1096　第1回十字軍 1100　普遍論争（神学論争） 1215　マグナカルタ（英） 1291　十字軍終結
近世（14c〜17c）	1348　プラハ大学開設（チェコ） 1385　ハイデルベルグ大学開設（独） 1440　イートン・カレッジ開設（英） 1512　パブリック・スクール設立（英） 1516　トーマス・モア『ユートピア』 1524　ルター，ドイツ全市参事会員に所信表明 1528　メランヒトン「ザクセン学校規則」 1529　エラスムス『学習方法論』『幼児教育論』 1532　ラブレー『第2パンタグリュエル』 1538　シュトルム「ギムナジウム」開設 1541　カルヴァン「ジュネーブ学校規程」 1580　モンテーニュ『エッセイ』 1636　ハーバード大学開設（米） 1641　マサチューセッツ州義務教育規程（米） 1642　ゴータ教育令（独） 1657　コメニウス『大教授学』 1684　イエズス会ロヨラ「キリスト教学校修士会」 1693　ロック『教育に関する若干の考察』	1338　百年戦争（〜1453） 1440　グーテンベルグ印刷術 1453　東ローマ帝国滅ぶ 1492　アメリカ大陸発見 1498　印度航路発見 1517　ルター『宗教改革』 1532　マキャベリ『君主論』 1588　スペイン無敵艦隊敗る 1620　ベーコン『新機関』 1637　デカルト『方法序説』 1667　ミルトン『失楽園』 1669　パスカル『パンセ』 1686　ニュートン万有引力説 1688　名誉革命
	1717　プロイセン学校令 1751　フランクリン・アカデミー開設（米） 1762　ルソー『エミール』 1763　プロイセン「地方学事通則」 1774　バセドウ汎愛学院開設	1740　オーストリー継承戦争 1748　モンテスキュー『法の精神』 1760頃　産業革命起こる 1762　ルソー『社会契約論』

日 本 教 育 史 年 表

時代		教 育 史（事項・人名）	一 般 事 項
古代	古墳時代 (〜6C)	285　百済の博士王仁『論語』『千字文』を伝える 513　百済より五経博士渡来	188　倭国大乱，女王卑弥呼立つ 369〜562　任那日本府 552　仏教伝来
	飛鳥・白鳳 (7C)	593〜662　聖徳太子摂政 604　憲法十七條制定 670　『懐風藻』序文，庠序（学校創建） 671　鬼室集斯，学職頭に任命	600　遣隋使派遣 630　遣唐使派遣 645　大化改新 672　壬申の乱
	天平時代 (8C)	701　大宝令（学令22条）で大学・国学制定 771　石上宅嗣，芸亭開設 782　和気氏，弘文院（別曹）開設	710　平城京遷都 712　『古事記』成る 720　『日本書紀』成る 794　平安京遷都
	平安時代 (9C〜12C)	813　最澄「山家学生式」制定 828　空海『綜芸種智院』開設 805〜881　文章院（菅原・大江），勧学院（藤原），学館院（橘），奨学院（在原）開設 ――　「明衡往来」成る（12C末）	894　遣唐使廃止 905　『古今和歌集』 11C初　『源氏物語』 1185　平氏滅亡
中世	鎌倉時代 (12C〜14C)	1232　北条泰時「御成敗式目」（貞永式目） 1247　北条重時「極楽寺殿御消息」（武家家訓） 1247〜76　北条実時，金沢文庫開設 1252　「十訓抄」成る 1280　京都御所「学問所」開設 ――　「実語教」成る	1192　源頼朝，鎌倉開府 1224　親鸞『教行信証』 1238　道元『正法眼蔵』 1253　日蓮宗開宗 1274〜81　文永・弘安の役 1334　建武中興
	室町・戦国時代 (14C〜16C)	――　「童子教」「庭訓往来」成る 1419　世阿弥『花伝書』成る 1432〜39　上杉憲実，足利学校再興 ――　「五山文学」「五山版」盛況 1459〜95　戦国家法成る 1580　宣教師ヴァリアノ，セミナリオ・コレジオ開設	1338　足利氏，室町開府 1432　南北朝統一 1467〜77　応仁・文明の乱 1549　ザビエル鹿児島来航 1590　秀吉，天下統一 1600　関ヶ原の戦い
	江戸前期 (17C〜18C)	1630　昌平黌開設（林羅山家塾「弘文館」改称） 1641　中江藤樹『翁問答』 1662　伊藤仁斎「古義堂」開設 1666　池田光政，郷学「閑谷黌」開設 1674　会津藩校「日新館」開設	1603　家康，江戸開府 1637　島原の乱 1639　鎖国 1651　慶安事件 1688〜1703　元禄時代

1780	ペスタロッチ『隠者の夕暮』	1775	アメリカ独立戦争
1785	日曜学校協会設立	1789	フランス大革命「人権宣言」
1791	合衆国憲法改正，教育を各州所管(米)		
1792	コンドルセ，公教育組織法案提出		
1798	ランカスター貧民学校で助教法実施(ベルはインドで実施)		
1802	ナポレオン公教育法公布(仏)	1804	ナポレオン帝政(〜14)
1803	カント『教育学講義』		
1806	ヘルバルト『一般教育学』		
1808	フィヒテ『ドイツ国民に告ぐ』	1823	モンロー教書(米)
1816	オーエン「性格形成学院」開設		
1826	フレーベル『人間教育』	1830	二月革命(仏)
		1833	工場法
1837	フレーベル幼稚園開設	1859	ダーウィン『種の起源』
1837	ホーレス・マン マサチューセッツ州教育長(〜48)	1861	南北戦争(〜65)(米)
1859	トルストイ ヤスナヤ・ポリヤーナ学校(ロ)	1864	第1インターナショナル
1861	スペンサー『教育論』	1867	マルクス『資本論』
1864	ウシンスキー『母語』	1871	ドイツ帝国建設
1886	ドイツ統一学校連盟	1882	独仏伊三国同盟
1889	セシル・レディ アボツホーム学校開設(英)		
1894	イタール『アヴェロンの野生児』		
1896	デューイ シカゴ実験学校(米)		
1898	リーツ 田園家塾(独)		
1899	ナトルプ『社会的教育学』，デューイ『学校と社会』		
1900	エレン・ケイ『児童の世紀』		
1906	11歳テスト実施(英)		
1907	モイマン『実験教育学講義』		
1911	ケルシェンスタイナー『労働学校の概念』	1900	パブロフ「条件反射」
1915	クルプスカヤ『国民教育と民主主義』		
1918	キルパトリック「プロジェクト法」，PEA結成	1910	フロイト『精神分析学』
1919	ウィネトカ・プラン(米)，レ コンパニヨン(仏)	1912	第一次世界大戦
1920	ドルトン・プラン(米)		
1922	ピオネール組織(ソ)	1917	ロシア革命
1924	イエナ・プラン(独)	1919	ワイマール憲法，ベルサイユ条約調印
1927	陶行知 暁荘師範学校開設	1929	世界不況
1936	マカレンコ『集団主義の教育』	1933	ヒトラー独裁
1938	エッセンシャリスト宣言(米)	1939	第二次世界大戦
1944	バトラー教育法(英)	1945	第二次世界大戦終結，国際連合結成
1946	世界教員組合連盟(FISE)結成	1946	ユネスコ憲章
1947	ランジュヴァン・ワロン計画(仏)	1947	コミンフォルム結成

近代（10c〜20c前期）

近世	江戸後期（18c～19c）	1691	昌平黌を湯島に移し，昌平坂学問所と改称	1702	赤穂義士討入り
		1710	貝原益軒「和俗童子訓」		
		1729	石田梅巌，京都で心学開講	1735	享保改革
				1787	寛政改革
		1790	異学禁令	1792	林子平『海国兵談』
		1798	本居宣長『古事記伝』完成		
		1805	広瀬淡窓，桂林荘（1817「咸宜園」）開設	1825	外国船打払令
		1823	シーボルト「鳴滝塾」（長崎）開設	1837	大塩平八郎の乱
		1835	大原幽学「改新楼」開設	1839	蛮社の獄
		1838	緒方洪庵「適塾」（大坂）開設	1841	天保改革
				1853	ペリー来航
		1856	幕府，蕃書調所開設	1854	日米和親条約
		1857	吉田松陰「松下村塾」（長州）開設	1859	安政の大獄
				1867	大政奉還（王政復古）
		1868	福沢諭吉，慶應義塾開設		
近代	明治時代（19c～20c）	1868	「五か条の誓文」	1869	版籍奉還
		1870	「大学規則」「中小学規則」		
		1871	文部省設置	1871	廃藩置県
		1872	「学制」（213章）頒布。『学問のすゝめ』刊	1873	徴兵令，地租改正
		1876	クラーク，札幌農学校	1877	西南戦争
		1879	教育令公布。元田永孚「教学聖旨」	1878	天皇巡幸
		1880	改正教育令公布		自由民権運動活発化
		1885	初代文部大臣に森有礼就任	1881	十四年の政変
		1886	森文相，諸学校令公布	1885	内閣制度
		1887	ハウスクネヒト来日（ヘルバルト主義）	1889	帝国憲法発布
		1890	「教育勅語」渙発。石井十次孤児院開設	1890	第1回帝国議会
		1894	井上文相「実業教育費国庫負担法」	1894～95	日清戦争
		1899	中学校令，実業学校令，高等女学校令	1896	台湾植民地経営
		1900	小学校令改正（義務教育無償4年）	1902	日英同盟
		1903	専門学校令。「国定教科書制度」	1904～05	日露戦争
		1907	小学校令改正（義務教育無償6年）	1908	戊申詔書
		1909	沢柳政太郎『実際的教育学』	1910	韓国合併，大逆事件
		1912	及川平治『分団式動的教育法』	1911	南北朝正閏問題
	大正期（20c）	1913	芦田恵之助『綴り方教室』	1914	ドイツに宣戦
		1917～19	臨時教育会議。沢柳政太郎「成城小学校」	1918	米騒動
		1918	大学令公布。鈴木三重吉『赤い鳥』	1919	「啓明会」結成
		1921	羽仁もと子「自由学園」。山本鼎「自由画」	1920	第1回メーデー
			八大教育主張大講演会	1922	ワシントン海軍制限条約。水平社設立
		1923	木下竹次『学習原論』		
		1924	池袋「児童の村」小学校	1923	関東大震災
		1926	青年訓練所令，幼稚園令	1925	普選実施。治安維持法

現代（20c後期）	1951	デルボラフ・ボルノウ「範例学習」提案	1948	**世界人権宣言**
	1958	**国防教育法**(米)，フルシチョフ教育改革(ソ)	1949	中共成立，NATO結成
	1959	コナント報告(米)，クラウザー報告(英)，ウッヅ・ホール会議(米)，ラーメン・プラン(独)	1950	**朝鮮戦争**
			1957	ソ連人工衛星打上げ（スプートニク・ショック）
	1960	ブルーナー『**教育の過程**』		
	1966	教員の地位に関する勧告(ユネスコ)		
	1967	プラウデン報告(英)	1966	中共文化大革命
	1969	大学紛争(仏，独，英，米各国)	1969	**アポロ11号月面着陸**
	1973	**国民教育基本法**(ソ)，ベライター「学校のない教育」	1976	ベトナム統一宣言
			1979	イラン革命
	1975	アビ改革案(仏)	1982	フォークランド紛争
	1976	総合制学校(英)	1985	ソ連・ゴルバチョフ書記長就任
	1983	『危機に立つ国家』(米)		
	1984	教育改革の基本方針(ソ)	1986	チェルノブイリ原発事故
	1985	学習権宣言(ユネスコ)	1987	ソ連・ペレストロイカ推進
	1988	教育改革法(英)	1989	天安門事件
	1989	教育基本法(仏)	1990	東西ドイツ統一，湾岸戦争
	1989	児童の権利条約(国連)，スカーフ事件(フ)	1991	ソ連邦解体
			1993	欧州連合
	1995	IEA・TIMSS調査開始	1997	アジア通貨危機
（21c後期）	2000	OECD・PISA調査開始	2001	アメリカ同時多発テロ事件
	2001	「教育課程標準」(中)		
	2002	NCLB法実施(米)		
	2002	ヨハネスブルク・サミットでESD(持続可能な開発のための教育)提言	2003	イラク戦争
	2007	エラスムス計画(EU)		
	2009	革新学校ネットワーク(韓)	2008	リーマン・ショック
			2010	ギリシャ経済危機
			2015	「イスラム国」(ISIS)パリでテロ

時代	時期	年	教育関連事項	年	一般事項
近・現代	昭和前期（20C）	1930	新興教育研究所開設	1931	満州事変
				1932	5・15事件
		1934	北方性教育運動活発	1933	国際連盟脱退
		1935	青年学校令	1936	2・26事件
		1937	『国体の本義』刊行	1937	日中戦争
		1941	国民学校令公布	1941	第二次世界大戦に突入
		1943	中等学校令公布	1945	広島・長崎に原爆投下
		1945	戦時教育令公布		終戦
現代	昭和後期（20C）	1945	GHQ, 修身等授業停止命令		
		1946	第1次アメリカ教育使節団来日, 勧告	1946	日本国憲法公布
		1947	教育基本法, 学校教育法公布		天皇人間宣言
			学習指導要領発表, 日教組結成		
		1948	教育委員会法公布	1948	極東軍事裁判終結
		1949	社会教育法公布	1951	講和条約
		1950	第2次アメリカ教育使節団来日, 勧告		日米安保条約
		1952	日教組「教師の倫理綱領」	1955	自由民主党結成, 五五年体制始まる
		1954	教育二法成立		
		1956	地方教育行政法公布	1956	国際連合加盟
		1958	学習指導要領改訂告示（「道徳」特設）		「日ソ協同宣言」
		1963	義務教育教科書無償制	1964	第18回五輪東京大会
		1965	中教審中間答申「期待される人間像」		新幹線開通
		1969	大学紛争頻発	1970	大阪万国博覧会
		1974	「人材確法」公布	1972	沖縄本土復帰
		1975	専修学校法制化	1973	石油ショック
		1977	学習指導要領改訂（ゆとりと充実）	1974	ロッキード事件発生
		1979	養護学校義務化。共通一次テスト	1978	日中平和友好条約
		1982	校内・家庭内暴力頻発	1982	東北・上越新幹線
		1985	いじめ問題深刻化	1985	科学万博。日航機墜落
		1987	臨時教育審議会最終答申	1986	国鉄民営化
		1989	学習指導要領改訂, 教育職員免許法改正		
	平成	1991	大学設置基準改正	1991	湾岸戦争
		1996	中央教育審議会答申（生きる力とゆとり）	1993	五五年体制崩壊, 細川連立政権誕生
		1998	学習指導要領改訂		
			教育職員免許法改正	1995	阪神淡路大震災, オウム真理教事件
			中等教育学校創設		
		2001	大学・大学院への飛び級入学		
		2003	国立大学の法人化	2003	イラク戦争
		2005	食育基本法		
		2006	認定こども園発足, 教育基本法改正		
		2008	教職大学院発足		
		2010	教員免許更新制	2011	東日本大震災
		2013	子どもの貧困対策の推進に関する法律	2015	新安全保障関連法制の成立
			いじめ防止対策推進法		

索　引

あ行

『赤い鳥』　141
アカウンタビリティー　69
アカデミー　42, 78
阿部重孝　34, 35
『アメリカを教育する法』　69
アメリカ教育の振興のための本質主義者委員会　66
『アメリカン・スペリング・ブック』　36, 39
アリストテレス　2
アルベルティ　4
アレクサンドル1世　44
イエズス会　6
イエナ・プラン　94
イスラーム　24, 86, 87, 88
一般農村学校令　26
イングリッシュ・クラシカル・スクール　42
インクルージョン　90
ウィネトカ・プラン　65
ヴェジオ　4
上田自由大学　140
ウェブスター　36
ヴェルジェリオ　4
ヴェロゼーネ　4
ウォシュバーン　65
ウシンスキー　47
内村鑑三不敬事件　130
エカチェリーナ2世　44
エマソン　62
エミール　47
エラスムス　5
エリザベス・プラン　60
エリツィン　109
袁希濤　55
エンゲルス　102
及川平治　140
欧州統合　82
往来物　121
オーエン　12
被仰出書　123

か行

オーガニック・スクール　64
緒方洪庵　122
オスウェーゴー師範学校　41

改革教育学（新教育）　92, 94
改正教育令（1862）　14
開智学校　125
開発主義　41
カウンツ　65
科挙　50, 51
学制　122
学童疎開　149
学徒出陣　148
『学問のすゝめ』　123
学力テスト　68, 69
カーター　41
片上伸　141
学校系統　34
『学校建築』　40
『学校と社会』　63
『学校は新しい社会秩序を建設しようとしているか』　65
カラマズー裁判　41
川井訓導事件　142
咸宜園　121
『危機に立つ国家』　68
キケロ　3, 4
北原白秋　141
城戸幡太郎　146
木下竹二　140
癸卯学制　49, 51
義務教育費の国庫負担　162
キャンデル　66
教育科学研究会　146
教育学の戦争責任　150
教育基本法　152
教育刷新委員会　152
教育審議会　147
教育勅語　129

180　索　引

『教育の過程』　67
教育の現代化　158
教育令　126
教科書疑獄事件　134
『教室の危機』　68
共通基礎　81, 82
協働の教育学　108
郷土教育　143
業余教育　114
キルパトリック　65
勤工倹学　115
キンダーガルテン　29
クインシー運動　61
クインシー・グラマー・スクール　41
クインティリアーヌス　4
グラスノスチ　108
グラマースクール　9, 10
クルプスカヤ　100-104
グレイド制（等級制）　40, 41
グローバリゼーション　164
芸術教育運動　92-93
啓明会　142
ゲゼル　62
ケルシェンシュタイナー　95
ゲルツェン　46
ケンブリッジ・プラン　60
郷学（郷校）　121
皇国臣民の誓詞　149
皇国民の錬成　148
郷村教育　112
高等学校令　132
高等女学校令　132
康有為　51
ゴーゴリ　46
国定教科書制度　134
国定教科書批判　145
国民学校　148
国民精神文化研究所　147
御真影　130
ゴダード　62
五段階教授の理論　29
コップ　64
胡適　54, 55
子どもから（vom Kinde aus）　95
個別就学計画　89

コメニウス　7, 8
コモン・スクール　37-42
ゴーリキー　105
コレージュ修了免状　82, 84
コンドルセ　16, 17, 21, 22, 44
コンプリヘンシブスクール　73, 74, 75

さ行

蔡元培　53
斎藤喜博　154
『ザ・ソーシャル・フロンティア』　65
沢柳政太郎　139
三気質　128
三規程　32
サンタバーバラ・プラン　60
三分岐制：三分岐制度　73, 98, 99
シエイエス　22
ジェファソン　36
シェルドン　41
支援と圧力　77
私塾　121
慈善教育　11
実業学校令　132
児童大学（ドルトン・スクール）　64
児童中心主義　74, 75
師範学校（教員養成学校）　41
師範学校令　127
下中弥三郎　140
社会主義教育　102
逆コース　155
自由画　141
宗教教育　23
15年戦争　143
集団主義教育　104
重点学校　115
週4日制　90
シュタイナー　95
ジューフェルン　31
障害児：障害者　88, 89, 90
松下村塾　122
小学校令　127
昌平黌　120
助教法（ベル＝ランカスター法）　40
職業教育　112

索　引　**181**

ジョスパン（法）　80, 81, 83
ジョンソン　64
シラー　28, 31, 93
シルバーマン　68
壬寅学制　49
新教育運動　61
新教育指針　152
壬子・癸丑学制　54
新自由主義の教育改革　160
壬戌学制　54, 55
進歩主義教育　61, 65
進歩主義教育協会　64
水平社　142
スカーフ禁止法　87
鈴木三重吉　141
スタジ報告　86
スターリン　104, 106
スプートニク・ショック　66, 106, 107
『すべての者に中等教育を』(1922)　72
性格形成学院　12
生活共同体学校　94
生活綴方教育　145
政教分離　23, 24
成城小学校　139
『青鞜』　138
世俗性：世俗化　23, 24
積極的差別是正措置　67
戦後新教育　153
選択と多様性　75, 76, 78
セントルイス・プラン　60
専門学校令　132
総合技術主義（ポリテフニズム）　102
総合制学校　98
ソクラテス　2
素質教育　117
ソフィスト　1
ソーンダイク　60

た行

第一次アメリカ教育使節団　152
大学令　137
第三共和政　23
大正自由教育　63
大正デモクラシー　135

タイラー　65
台湾公学校令　139
ダウス・プログラム　102
高嶺秀夫　41
ターマン　62
地域に根ざす教育　159
チェルネンコ　107, 108
チャーチスト運動　12, 13
中華人民共和国義務教育法　49, 117
中学校令　127
中体西用　50
『中等教育の根本原理』　60
朝鮮教育令　139
ツルゲーネフ　46
ディースターヴェーク　28, 32
帝国大学令　127
適塾　122
手塚岸衛　139
デューイ　30, 54, 55, 61, 63, 64, 65, 103
デューイ・スクール　63
寺子屋　120
田園教育舎　94
統一学校　93, 96
統一労働学校　101
冬学　113
同化主義　138
陶行知　54, 112
ドクロリ　65
ドヌー（法）　22
トルストイ　47
ドルトン・プラン　63, 65

な行

内外学校協会　11
ナショナルカリキュラム　76, 77
ナチス　96-97
ナロードキー　46
ニコライ1世　45
『2000年のアメリカ』　69
二宮金次郎　134
日本諸学振興委員会　147
ニール　68
野口援太郎　140

は行

パイデイア　1
パーカー　61, 63
パーカースト　64, 65
バカロレア　80, 81, 83
バグリー　66
バゼドウ　27, 30
バーナード　37, 38, 39, 40
ハーバード大学　35
パブリックスクール　9, 10
林羅山　119
汎愛主義　27
藩校（藩学）　119
万歳事件　135
半労半学学校　115
ピオネール　104
PISA ショック　99
PISA 調査　164
『ひとりも落ちこぼれを出さない法（NCLB）』　69
ピョートル大帝　44
平塚らいてう　138
広瀬淡窓　121
貧民教育のための国民協会　11
フィヒテ　28, 31
フィヨン（法）　80, 81, 82, 83, 84, 85
プエブロ・プラン　60
フェリー　23
ブキエ　21, 22
複言語主義　82
福沢諭吉　122
プーシキン　46
プーチン　109, 111
ブッシュ大統領　68
プラウデン報告書（1967）　74, 75
ブラウン判決　67
プラット　64
プラトン　2
フランクリン　42
フランシス・W・パーカー・スクール　64
フランス革命　16, 18, 19, 22, 90
フリー・スクール　68
ブルーナー　67
フルシチョフ　107
ブルジョア教育学　102
プレイ・スクール　64
フレーベル　28-30, 62
フレネ　103
プロジェクト・メソッド　63, 65
プロテスタンティズム　6
プロレタリア教育運動　144
フンボルト　28, 30, 31
兵式体操　136
平民教育　112
ペイヨン（法）　84,
ヘシオドス　1
ペスタロッチ　27-29, 32, 62
ペスタロッチ主義　41
ヘッド・スタート計画　67
ベリンスキー　46
ヘルバルト　28-29
ペレストロイカ　108, 109
ホール　62
ホッブス　19
ホームズ　71
ホメロス　1
ポリテフニズム　102, 107
ボローニャ・プロセス　110
本質主義者（エッセンシャリスト）　66

ま行

マカレンコ　104
『マクガフィー読本』　39
マルクス　102
マルクス主義　102
マン　37, 38
マンパワーポリシー　67
ミランドーラ　4
村山俊太郎　146
メドベージェフ　111
メランヒトン　6
元田永孚　126
モニトリアルシステム　12
森有礼　127
モンテーニュ　5

や行

ヤースナヤ・ポリャーナ　47
『山びこ学校』　154
山本鼎　141
吉田松陰　122
ヨーロッパ言語共通参照枠　82
46答申　157

ら行

ライシテ（憲章）　84, 85, 87
ライス　61, 62
ラッグ　65
ラッシュ　36
ラテン・グラマー・スクール　35, 41
ラブレー　5
リズム　89, 90
リヒトヴァルク　93

梁啓超　50
梁漱溟　113
良妻賢母主義教育　138
臨時教育会議　136
臨時教育審議会　160
ルソー　19, 20, 27, 28, 47, 62
ルター　5, 6
ルナン　19
ルペルティエ　17, 20
レーニン　100, 101
労働学校　102
ロマン主義　62, 63
ロヨラ　6

わ行

ワイマール学校妥協　96
脇田英彦　145
ワルロ　3

編著者紹介

斉藤　利彦（さいとう　としひこ）

1953年　福島県生まれ
学習院大学文学部教育学科教授
〈主要著書〉
『競争と管理の学校史——明治後期中学校教育の展開』
　東京大学出版会，1995年
『試験と競争の学校史』平凡社，1995年（講談社学術
　文庫，2011年）ほか

佐藤　学（さとう　まなぶ）

1951年　広島県生まれ
東京大学名誉教授
〈主要著書〉
『学校改革の哲学』東京大学出版会，2012年
『学びの快楽——対話的実践へ』世織書房，1992年ほか

新版　近現代教育史

2016年3月10日　第1版第1刷発行
2021年8月30日　第1版第3刷発行

編著者	斉藤　利彦
	佐藤　学

発行者　田中　千津子

発行所　株式会社　学文社

〒153-0064　東京都目黒区下目黒3-6-1
電話　03（3715）1501（代）
FAX　03（3715）2012
https://www.gakubunsha.com

印刷　新灯印刷

© T. Saitou/M. Sato 2016
乱丁・落丁の場合は本社でお取替えします。
定価はカバーに表示。

ISBN978-4-7620-2597-6